国家自然科学基金资助项目（No. 52102386）
教育部产学合作协同育人项目（No. 22097070304613）

通勤圈视角下既有铁路与沿线地区协同更新的理论与实践

卢　源　邵金雁　张　颖　著

中国建筑工业出版社

图书在版编目（CIP）数据

通勤圈视角下既有铁路与沿线地区协同更新的理论与实践/卢源，邵金雁，张颖著.—北京：中国建筑工业出版社，2022.12
ISBN 978-7-112-28240-1

Ⅰ.①通… Ⅱ.①卢…②邵…③张… Ⅲ.①铁路线路—影响—区域经济发—协调发展—研究—中国 Ⅳ.①F127

中国版本图书馆CIP数据核字（2022）第243144号

当前区域一体化趋势不断加强，跨城通勤不断涌现。这种情况下传统的高速铁路和城市轨道交通方式难以满足大城市与小城镇之间通勤的需求，目前通勤圈急需市域（郊）铁路这类处于高铁和传统城市轨道交通之间的交通方式来支撑。市域（郊）铁路的建设模式中，利用既有铁路结合实际进行改造是最经济有效的一种方式。但从我国已经改造并运营的市域（郊）铁路来看，大部分没有达到预期的服务于都市区通勤圈的目的，市域（郊）铁路客流量少或很少被乘客用于通勤。本文主要基于都市区通勤圈的视角，引入通勤圈构成的要素，包括工作地、居住地、交通连接，从这三个角度探究目前既有铁路兼做市域（郊）铁路在服务通勤需求上的优势、存在的问题，并针对问题提出优化策略。

责任编辑：段　宁
版式设计：锋尚设计
责任校对：芦欣甜

通勤圈视角下既有铁路与沿线地区协同更新的理论与实践
卢　源　邵金雁　张　颖　著
*
中国建筑工业出版社出版、发行（北京海淀三里河路9号）
各地新华书店、建筑书店经销
北京锋尚制版有限公司制版
北京中科印刷有限公司印刷
*
开本：787毫米×1092毫米　1/16　印张：9　字数：173千字
2023年5月第一版　　2023年5月第一次印刷
定价：**56.00元**
ISBN 978-7-112-28240-1
（40262）

版权所有　翻印必究
如有印装质量问题，可寄本社图书出版中心退换
（邮政编码100037）

前 言

市域（郊）铁路是城市中心城区连接周边城镇组团及其城镇组团之间通勤化、速度快、运量大的轨道交通系统，提供城市型的公共交通服务，是城市综合交通体系的重要组成部分。近年来，随着我国新型城镇化的不断发展，铁路和城市轨道交通建设规模逐步扩大，结构不断优化，市域（郊）铁路越来越受到政府管理部门和行业技术领域专家学者的重视，部分都市圈中心城市率先建成并运营了一批市域（郊）铁路示范项目。

可预见随着国家新型城镇化的快速发展，市域（郊）铁路必将在我国中心城市城乡一体化中发挥重要作用，成为支撑城市群、都市圈跨区域通勤的重要轨道交通工具。随着既有铁路逐步被沿线城镇包围，部分城市圈内部的既有铁路已位于市域（郊）客流廊道上，既有车站位于主要客流集散点，利用既有铁路开行市域（郊）列车更利于服务乘客，在建设成本、线路选择以及土地利用等方面存在诸多优势，但同时也存在工作地岗位不足、居住地配套设施不完善以及两者之间交通换乘衔接等问题。

本书内容是基于由萧甬铁路改建而成的杭绍轨道交通城际线的研究咨询过程的总结，进一步探索了利用既有铁路改建市域（郊）铁路在服务通勤圈方面的一体化解决路径。本书研究的目的，首先是试图梳理市域（郊）铁路、都市圈、通勤圈相关的理论体系；其次是对利用既有铁路改建市域（郊）铁路服务通勤的优势与制约因素进行分析，并提出针对性解决方案；再次是通过具体理论与实践的结合，加深读者对具体内容的理解及应用指导。

本书分上、下两篇，共8章内容，其中：

上篇，主要为理论部分，包括：

第1章 概述；

第2章 城镇化发展催生都市圈通勤新交通需求；

第3章 利用既有铁路改建市域（郊）铁路服务通勤的优势；

第4章 制约市郊铁路构建通勤圈的因素；

第5章 市郊铁路服务通勤圈的优化思路与方法。

下篇，主要以绍兴城际线新建柯桥站为具体研究对象，详细阐述站点层面在面对该类问题时的具体研究路径及解决策略，包括：

第6章 市郊铁路站点的开发规划策划路径；

第7章 市郊铁路站点的综合交通解决方案；

第8章 市郊铁路站点的一体化开发方案设计。

本书采用了理论研究与实例分析相结合、定性分析与定量分析相结合、系统分析与比较分析相结合、演绎推理与归纳分析共用的研究方法，力求做到理论与实践相结合、国内与国外相结合、一般与具体相结合，提炼利用既有铁路改建市郊铁路服务通勤发展的一般规律，笔者期待本书的出版能够为国内面对该类问题时提供理论指导和实践指导。

目 录

前言

上篇

第 1 章 概述 002
    1.1 市域（郊）铁路的功能定义 002
    1.2 市域（郊）铁路技术特征 004
    1.3 国内市域（郊）铁路发展情况 005

第 2 章 城镇化发展催生都市圈通勤新交通需求 008
    2.1 都市圈交通需求特征 008
    2.2 通勤圈交通需求特征 010

第 3 章 利用既有铁路改建市域（郊）铁路服务通勤的优势 014
    3.1 兼营型市郊铁路的成本优势 014
    3.2 既有铁路的廊道资源优势 017
    3.3 既有铁路沿线开发成熟度土地利用优势 020
    3.4 本章小结 022

第4章	制约市郊铁路构建通勤圈的因素	023
4.1	端点站就业岗位不足	023
4.2	居住用地功能配套不完善	026
4.3	工作居住地交通衔接不便捷	031
4.4	组团状区域城镇空间规划的制约	041

第5章	市郊铁路服务通勤圈的优化思路与方法	043
5.1	土地利用规划的优化	043
5.2	铁路线路及站点规划的优化	044
5.3	空间规划方法的优化	049

下篇

第 6 章　市郊铁路站点的开发规划策划路径 **052**
    6.1　一体化开发目标的确立 052
    6.2　不同视角下的一体化开发需求 056
    6.3　一体化开发规划的定位与功能配置 068

第 7 章　市郊铁路站点的综合交通解决方案 **071**
    7.1　调研站点交通现状与分析路径 071
    7.2　预测站点交通需求 087
    7.3　分析站点服务范围 094
    7.4　预测交通设施规模 097
    7.5　提出交通解决策略 099

第 8 章　市郊铁路站点的一体化开发方案设计 **104**
    8.1　制定总体设计策略 104
    8.2　生成综合开发方案 108

后记 132
作者简介 135

上篇

第1章　概述

第2章　城镇化发展催生都市圈通勤新交通需求

第3章　利用既有铁路改建市域（郊）铁路服务通勤的优势

第4章　制约市郊铁路构建通勤圈的因素

第5章　市郊铁路服务通勤圈的优化思路与方法

第 1 章

概述

1.1 市域（郊）铁路的功能定义

1.1.1 市域（郊）铁路概念

所谓市域（郊），是指都市圈（城市群）内中心城市及其周边城市功能属性和经济属性相近、同城化发展趋势明显的卫星城市、新城或城镇组团的范围。市域（郊）铁路是指在大都市地区，侧重服务市域范围中心城区至外围组团（郊区、新城、卫星城等）或外围组团间的快速出行，并可兼顾中心城区内部快速出行，采用"高密度、小编组、公交化"的运输组织模式，承担以通勤客流为主的市域范围短途旅客运输的快捷客运轨道交通系统。[1]

因此，市域（郊）铁路的功能定位于服务与中心城经济、人口交流紧密的地区，以及组团城市联系密切的各城镇地区，其服务范围可不完全受限于行政区划。市域（郊）铁路是以实现区域中心城市与周边组团间1h交通为基本目标。它与干线铁路、城际铁路、城市轨道交通形成网络层次清晰、功能定位合理、衔接一体高效的交通体系。市域（郊）铁路突出对都市圈主要功能区的支撑和引导，线路尽可能串联5万人及以上的城镇组团和重要工业园区、旅游景点等并设站，提高客流集聚能力。[2]

1.1.2 市域（郊）铁路持续获政策关注

近年来，随着我国新型城镇化的不断发展，铁路和城市轨道交通建设规模逐步扩大，结构不断优化，市域（郊）铁路越来越受到政府管理部门和行业技术领域专家学者的重视。

---

1. 参照《我国市域铁路发展现状及未来展望》。
2. 参照《国家发展改革委：创新市域（郊）铁路发展模式和路径》。

2017年，国家发展和改革委员会、住房和城乡建设部、交通运输部和中国铁路总公司联合发布《关于促进市域（郊）铁路发展的指导意见》（发改基础〔2017〕1173号）（以下简称"1173号文"），这可以被认为是国家层面首次就市域（郊）铁路发展的全面的指导性文件。1173号文指出，市域（郊）铁路是城市中心城区连接周边城镇组团及其城镇组团之间的通勤化、速度快、运量大的轨道交通系统，提供城市公共交通服务，是城市综合交通体系的重要组成部分。在新基建、后疫情时代经济复苏、国内国外双循环的经济大背景下，国务院办公厅又于2020年12月发布了国办函〔2020〕116号文《关于推动都市圈市域（郊）铁路加快发展意见的通知》（以下简称"116号文"）。这可以被认为是国家层面对发展市域（郊）铁路的最高层次政策文件。2020年，国家铁路局批准发布《市域（郊）铁路设计规范》TB 10624—2020，自2021年2月1日起实施，成为我国市域（郊）铁路工程建设行业标准，为引导市域（郊）铁路发展、加快推进都市圈建设提供了重要技术支撑（表1-1）。

我国市域（郊）铁路建设部分相关政策梳理   表1-1

发布日期	政策文件	市域（郊）铁路推进要求
2014年3月	《国家新型城镇化规划（2014—2020年）》	到2020年努力实现"1亿农业转移人口落户城镇"、大城市公共交通出行占机动化出行比例达到60%以上的目标
2015年11月	《城镇化地区综合交通网规划》（发改基础〔2015〕2706号）	首次明确要优先发展城际铁路和市域（郊）铁路、强化轨道交通的骨干作用，提出要在北京等30个城市建设市域（郊）铁路
2016年2月	《国务院关于深入推进新型城镇化建设的若干意见》（国发〔2016〕8号）	有条件的地区规划建设市域铁路，推进城市群基础设施一体化建设，构建核心城市1h通勤圈
2016年3月	《中华人民共和国国民经济和社会发展第十三个五年规划纲要》	在城镇化地区大力发展城际铁路、市域（郊）铁路，打造城市群中心城市与周边重要城镇间1h通勤都市圈，明确将实施市域（郊）铁路示范工程
2017年2月	《"十三五"现代综合交通运输体系发展规划》	加快建设大城市市域铁路，有效衔接大中小城市
2017年6月	《关于促进市域（郊）铁路发展的指导意见》（发改基础〔2017〕1173号）	至2020年，京津冀、长三角、珠三角、长江中游、成渝等经济发达地区的超大、特大城市及具备条件的大城市，市域（郊）铁路骨干线路基本形成，构建核心区至周边主要区域的1h通勤圈
2020年12月	《关于推动都市圈市域（郊）铁路加快发展意见的通知》（国办函〔2020〕116号文）	进一步增强市域（郊）铁路运营供给能力、提高服务水平，为完善城市综合交通运输体系、优化大城市功能布局、引领现代化都市圈发展提供有力支撑

1.2 市域（郊）铁路技术特征

作为城市综合交通体系的重要组成部分，市域（郊）铁路主要布局在都市圈内经济发达、人口集聚的地区，应对都市圈重点发展扇面形成支撑与引导。从四网融合的功能区分上，干线铁路解决的是城市群间的出行，城际铁路解决的是城市群内城际间的出行，市域（郊）铁路解决的是都市圈主要廊道外围与城市中心的交通需求，因其服务功能角度与城市轨道交通更接近（表1-2）。

都市圈多层次轨道交通构成　　　　表1-2

名称	区域铁路		都市圈轨道	城区轨道	
	国铁客运	城际铁路	市郊铁路、市域快轨等	市内轨道快线（地铁、轻轨）	市区轨道普线（地铁、轻轨、有轨电车）
覆盖半径	国家及国际范围	省域及相邻省市	40~60km	20~40km	20km内
速度目标值	250~350km/h	160~250km/h	120~160km/h	100~120km/h	80~100km/h
平均旅行速度	250~300km/h	120~250km/h	60~90km/h	50~60km/h	35~40km/h
服务功能	跨省域中长途客运	相邻省市及省内城市间中短途客运	都市圈远郊客运	市区近郊客运	城区内部客运
平均站间距	>30km	10~20km	3~5km	2~4km	1~2km
换乘衔接	基于铁路客站与城市轨道进行衔接		与城市轨道的衔接更加紧密，换乘更为便捷		

来源：《从大城市到都市圈的交通特征、问题及策略——以杭州为例》。

根据《市域（郊）铁路设计规范》TB 10624—2020，市郊铁路在服务半径、设计速度目标值、平均站间距、服务功能、换乘衔接等方面与既有其他制式轨道交通存在不同，并具有以下明显特征：

（1）实现公交化运营，设计速度100~160km/h，发车频率为2~20min；

（2）站间距变小、站台变短、设计运行速度变快，平均站间距原则上不小于3km；

（3）使用的运输工具具有城市公共交通特征，其内部布局、上下车设计等地铁化；

（4）注重与城市交通一体化衔接；

（5）有的设有专属的网络路线；

（6）所服务的区域更注重经济联系，而非行政辖区联系。

1.3 国内市域（郊）铁路发展情况

相较于中国，市域（郊）铁路在欧洲、美国、日本等一些发展较早的都市圈则应用得比较成熟（表1-3）。

国外典型都市圈市域（郊）铁路概况　　　　表1-3

项目		东京都市圈	大巴黎地区	纽约大都市	大伦敦地区
面积（km²）		36879	12012	33165	13800
人口（万人）		4237	1200	2020	1394
城市轨道交通里程（km）	市域铁路	4476	1484	3197	3071
	地铁	357	215	394	218
线网格局		环线+放射线，辅以贯穿线	贯穿线+放射线	主线+支线	放射线
建设标准		国铁+城轨	国铁+城轨	干线铁路	国铁+城轨

1173号文与116号文对国内市域（郊）铁路建设起到推动作用的同时，强调了各个城市建设的可行性。两文均提出，重点支持京津冀、粤港澳大湾区、长三角、成渝、长江中游等五大城市群可新建市域（郊）铁路，强化都市圈内中心城市的城区与周边城镇组团便捷通勤。其他区域需要充分论证，需满足"财力有支撑、客流有基础、发展有需求"三个方面要求的地区，可规划新建都市圈市域（郊）铁路。其中，1173号文推出了11个示范工程，但由于各种原因，目前多数项目的运营效果并不理想（表1-4），这实际上为高速发展的市郊铁路敲响了警钟。

部分市域（郊）铁路运营现状　　　　表1-4

序号	城市	项目名称	线路长度（km）	车站数	日开行对数	日均客流/人次
1	北京	副中心线	32.7	5	4	1000
2	北京	S2线	108.3	6	14~18	5000
3	北京	怀柔—密云线	135.6	6	2	150
4	天津	津蓟线	113	10	6~9	10000

续表

序号	城市	项目名称	线路长度（km）	车站数	日开行对数	日均客流/人次
5	天津	京蓟线	82	3	2	100
6	天津	京津城际延伸线	45	4	28	7500
7	上海	金山线	56.4	8	37	33000
8	浙江	宁波—绍兴	128	5	8～10.5	2800
9	四川	成灌铁路	94.2	21	33	2500
10	海南	海口市郊列车	38	6	12	100

注：数据截至2019年7月。

随着国家对市郊铁路审批条件的放宽，116号文明确提出利用既有铁路开行市域（郊）铁路不必国家层面审批，主要所在城市与既有铁路主体协商决策后可组织实施。在这一政策推进下，国内经济发达地区市域（郊）铁路建设步伐明显加快。以长三角地区为例，据不完全统计，截至2019年12月长三角主要城市在建、已建市域（郊）铁路总里程达到831km，车站数量261个（表1-5）。

长三角地区部分新建市域（郊）铁路项目　　　　表1-5

线路名称	所在城市	建设状态	线路长度（km）	车站数量	线路平均站间距（km）	设计时速（km/h）
宁波—奉化城际铁路	宁波	部分运营	21.35	9	2.7	80
杭州—临安城际铁路	杭州	运营	34.8	12	3.2	100
杭州—富阳城际铁路	杭州	在建	23.2	11	2.3	100
杭州—绍兴城际铁路	杭州	在建	20.3	10	2.3	100
南京地铁S1号线	南京	已建成	37.3	9	4.7	100
南京地铁S3号线	南京	已建成	36.2	19	2	100
南京地铁S7号线	南京	已建成	30.2	9	3.8	100
上海11号线	上海	已建成	82.3	38	2.2	100
杭州—海宁城际铁路	杭州	在建	48.18	13	2.1	120
金义东市域轨道工程	金华	在建	102.9	30	3.5	120
温州市域铁路S1线	温州	在建	53.5	21	2.7	120

续表

线路名称	所在城市	建设状态	线路长度（km）	车站数量	线路平均站间距（km）	设计时速（km/h）
南京地铁S8号线	南京	已建成	45.2	17	2.8	120
南京地铁S9号线	南京	已建成	52.4	6	10.5	120
上海16号线	上海	已建成	59.1	13	4.9	120
台州市域铁路S1线	台州	在建	52.4	15	3.7	140
温州市域铁路S2线	温州	在建	63.7	20	3.4	140
上海机场联络线	上海	在建	68.2	9	8.5	160

来源：根据百度百科整理绘制。

不过，在快速发展的过程中，我国市域（郊）铁路发展仍存在诸如运营不及预期的问题。这实际上已经成为制约市域（郊）铁路发展面临的最大挑战。也是工程领域、学术领域当前研究探讨的热点。为此，本文将追本溯源，从都市圈交通需求，尤其是从通勤行为的特征出发，尝试探索产生这些问题的原因。

第 2 章

城镇化发展催生都市圈通勤新交通需求

城市的空间布局和交通系统是互为依存、互为促进的两大关键城市因素。因此，城市的发展为交通提供需求，而交通的发展又强有力地反作用于城市，影响和引导着城市的发展。随着交通技术的进步，研究不同交通结构支撑和引导的城市空间布局结构的形成和功能实现，是关系到城市社会能否实现可持续发展，能否实现既满足交通需求又环保节能的发展目标的关键。

2.1 都市圈交通需求特征

2.1.1 都市圈的概念识别

城市的发展具有较强的规律性。当前，我国正处于以都市圈和城市群发展模式为主的城镇化发展新阶段。2019年，《国家发展改革委关于培育发展现代化都市圈的指导意见》（发改规划〔2019〕328号）指出，"城市群是新型城镇化主体形态，是支撑全国经济增长、促进区域协调发展、参与国际竞争合作的重要平台。都市圈是城市群内部以超大、特大城市或辐射带动功能强的大城市为中心、以1h通勤圈为基本范围的城镇化空间形态。"

"都市圈"这一术语最早源自日本，概念则最早源于美国，是日本在美国"都市区"概念基础上，结合自身城市特点形成的一个概念。2016年，中国工程院院士傅志寰等在分析了美国、日本、欧洲等城市发展特征后，并结合中国实际对"都市圈"给出定义。

都市圈是以一个首位度占明显优势的中心城市为核心，以通勤范围为空间区域，由若干城镇组成的具有完整综合城市功能的城市空间区域，是一日生活圈、通勤圈、购物圈和日常活动圈（表2-1）。都市圈范围包括的市镇为在中心城市上班、上学的人数（常住人口)占该市镇总人口的15%以上的所有周边市镇。都市圈内的交通需求以客流为主,是每天的、频繁的生产与生活出行需求,呈现明显的峰值特征与高频度特性。

都市圈特征　　　　　　　　　　　　　　　　　　　　　　　　　表2-1

项目	内容
结构与紧密度	由多中心组团城市和若干新城组成,中心城区与组团间及新城间人员交流频繁;是周边组团或新城到中心城区的通勤比例超过15%的空间范围
主要功能	一日生活圈,通勤圈,购物圈,日常生活圈

来源:傅志寰、陆化普,《城市群交通一体化理论研究与案例分析》。

2.1.2 都市圈的交通需求特性

根据城市群交通一体化理论,都市圈的交通需求特性主要体现在都市圈内组团间及都市圈内各城市之间,一般呈现以中心城市为核心的放射状交通走廊及主要城市间的环线联系,中心城市与外围中小城市之间的联系强度决定了交通走廊的强度,而外围中小城市之间的联系一般相对较弱,交通需求没有与中心城市间的联系强度大(表2-2)。

都市圈交通需求特性　　　　　　　　　　　　　　　　　　　　　表2-2

项目	内容
交通需求特性	(1)通勤交通; (2)购物交通; (3)每天的日常活动出行
交通系统特点	(1)城市轨道交通+市郊铁路(重点为通勤铁路)客运服务; (2)公交化的运营模式与服务水平
出行距离	现有国外都市圈的通勤出行范围一般在20~50km不等的半径范围内,东京为世界上最大的通勤圈(70km),我国部分特大城市通勤半径也达到40km
出行目的	主要为通勤、生活等日常活动出行,都市圈内以短距离出行为主
需求特性	(1)通道通勤交通出行需求大; (2)有明显的峰值特性; (3)便捷、可达性要求高
出行频度与出行时间	出行频度高,出行时间较为集中
出行方式	以城市轨道交通、市域(郊)铁路和公交为主导

来源:傅志寰、陆化普,《城市群交通一体化理论研究与案例分析》。

2.2 通勤圈交通需求特征

通过上节对都市圈交通需求特性的分析可见，通勤圈是存在于都市圈范围内，基于现有交通设施网络，以城市轨道交通、市域（郊）铁路（以下简称"市郊铁路"）和公交为主导，高频、集中、短距且具有明显峰值特性的日常出行，是城市居民各类出行目的中最主要的组成部分。

从这个意义上，通勤圈的范围展示了一个城市劳动市场的活跃程度以及就业核心区对周边人口的日常吸引程度；同时，通勤圈的范围依托于城市交通设施网络布局供给条件，交通可达性的提高能有效支撑通勤圈在空间上的扩展。通勤圈能够直接反映统一的劳动市场下，"人、财、物"的空间交换和流量。

2.2.1 通勤圈的构成

通勤圈是城市或区域职住关系在空间上分布的直接结果；从另一方面说，这种从交通连接也是判断职住空间相互联系的重要指标。

一个成熟的通勤圈构成主要包含三个要素：一个强大的就业中心、许多能够支付的居住地以及便捷的交通通道。通勤圈的大小显然与城市的影响力有关，大城市的经济发达，与周边城市联系密切，通勤圈更大。通勤圈可划分为城市内部通勤和跨区域通勤，城市内部通勤由于距离较近（30km以内），常规城市轨道交通网络、公交网络可实现全覆盖。但远郊区和跨市的通勤出行不能仅仅依靠常规城市公共交通系统，一方面，可能没有通到远郊或其他小城市的线路；另一方面，由于运营速度低，在面临远郊与中心城区的长距离出行时，并不具备时间上的可行性。随着区域一体化的发展，跨区域通勤成为都市圈或城市群中越来越常见的现象，依靠个体交通常成为交通走廊高峰时段拥堵的主要原因。缩短通勤时间已成为通勤人员的核心诉求之一，因此速度快、运输范围大、可靠性高的公共交通工具，如市郊铁路、城际铁路成为跨城通勤的主要交通工具。

2.2.2 通勤圈的判定方法

通勤圈范围的确定，主要包括通勤半径、通勤时间、通勤率三种指标来判定，对通勤的可达性进行测量。

1. 通勤半径

将通勤人员工作地与居住地及之间的日常活动空间范围用椭圆表示出来，能够满足城市中大部分通勤人员活动范围的椭圆形状即为广义上的城市通勤空间，椭圆长轴的半径即为通勤空间半径。这个范围可以体现出城市中需要快速通勤交通工具支撑的空间。在城市的宏观规划阶段，尤其是关于轨道交通建设规划中，往往会以空间半径的范围作为交通设施供给范围。

如日本东京都市圈，在20世纪70年代开始逐步发展，90年代逐步成熟，最初通勤半径50km，后城市影响扩大，通勤圈范围由50km增加到70km，通勤圈内人口达到3700万人。但从总量的空间分布来看，东京区部与外围县市的通勤较强，通勤圈范围扩大到近远郊，中心城（区部）内部的交通量只占总交通量的一半不到，而外围地区与区部的交通量大部分能达到40%~63%，通勤长轴半径多年来基本稳定在50km左右，都市圈客流主要集中在30km圈层内，超过50km时客流显著下降。根据对2020年全国主要城市通勤半径的调查，我国四个超大城市中有两个（北京、深圳）、十个特大城市中有一个（重庆）通勤空间半径达到了40km（图2-1）。

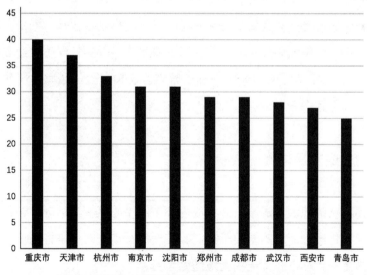

图2-1　2020年中国特大城市通勤空间半径（单位：km）

2. 通勤时间

交通工具的进步带来出行效率的提高，百公里的出行距离缩短至1h以内，使长距离甚至跨城长距离通勤出行成为可能。随着都市圈内的长距离跨区域通勤成为越来越常见的现象，当前众多城市规划、区域规划提出1h通勤圈概念。

2018年，国务院办公厅《关于运输结构调整三年行动计划（2018—2020年）》（国办发〔2018〕91号）中提出，形成北京市中心与周边卫星城之间的1h通勤圈。1173号文同样提出发达城市群、都市圈需加快构建中心区域到周边城市的1h通勤圈。一些省市的地方规划中，也提出以通勤时间半径为发展空间规划的内容。例如《南京市城市总体规划（1991—2010）》中提出：依托发达的交通网络，构建以南京市为核心的跨省市1h通勤圈，距离大约为该通勤圈与城市100km的范围。

在这个意义上更多城市与区域将时间指标作为城市或区域空间规划的关键指标。如果以通勤时间衡量通勤圈大小，那么在当下城际铁路、市郊铁路、高速公路系统完善的前提下，很大程度上扩展和异化了通勤范围，这大大改变了传统城市与区域的组织模式。

3．通勤率

通勤率一般是指外围地区到市中心地区通勤的人数与该地区的常住人口比例。通勤率被很多国家作为划定通勤圈范围进而划定都市圈边界的测度指标。[1]根据各个国家区域一体化发展情况的不同，对通勤率指标的确定也不同。美国通勤圈判定郊区市县到城市中心的通勤率达到15%，可作为将该市县划分到中心城市的都市圈标准之一。日本也将通勤率指标确定为10%来划定都市圈范围。伦敦通勤圈范围也是伦敦都市圈的范围，这个范围随着交通和住房条件的不断向外扩展而变化，在通勤率10%的标准下，通勤圈基本为半径64km的范围，随着外围新城的不断发展及伦敦市区通勤强度的增大，伦敦又确定了外围通勤带，大约距离伦敦中心城89km。[2]

2.2.3 通勤圈的轨道交通依赖

显然，市郊铁路的规划与建设，必将成为都市圈中心城区与近郊城市组团之间的快速化、大运量、通勤化出行需求的重要工具。其在速度、运维与经济性方面无可替代的优势使得其成为世界主要大都市圈首选的区域通勤工具。

伦敦、纽约、东京等国际大都市均具备多层次的轨道交通服务体系，轨道交通同时服务于长中短距离出行，城市中不同线路以不同的时间目标服务于不同的圈层范围，其中远

---

1. 赵鹏军，胡昊宇，海晓东，黄杉，吕迪. 基于手机信令数据的城市群地区都市圈空间范围多维识别——以京津冀为例[J]. 城市发展研究，2019，26（09）：69-79+2.
2. 张沛，王超深. 大都市区空间范围的界定标准——基于通勤率指标的讨论[J]. 城市问题，2019（02）：37-43. DOI:10.13239/j.bjsshkxy.cswt.190205.

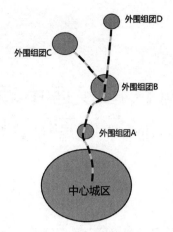

图2-2 市郊铁路线路与通勤圈服务示意图

郊快线速度最快，1h可覆盖距中心70～100km的空间范围（图2-2）。

同济大学连续多年追踪并开展长三角区域城市的跨城通勤状况（表2-3）。在探讨区域交通设施对通勤区间的影响，对在昆山城区、苏州城区、苏州工业园区、太仓城区和嘉善等几个与上海实现城际铁路联通的城市跨城通勤者的居住地、工作地与区域交通设施站点的关系进行了分析研究。平均约36%以上的跨城通勤者选择居住在其所在城市的高铁站点周边0～5km范围内，即10min汽车驾驶时间范围内，20min范围内的占比更是达到79%。在跨城通勤人员抵达上海中心城区后，与上海中心城区内部城市轨道交通网络高度相关的就业网络，其中约80%的就业岗位分布在地铁站点1km范围以内。形成了显著的"城际+城轨"的区域空间职住分布格局。

长三角城市跨城通勤轨道交通依赖特征　　　　表2-3

区域		昆山城区	太仓城区	苏州城区（除工业园区）	苏州工业园区
居住地与高铁站点距离分布特征	0～5km	45%	9%	37%	41%
	5～10km	21%	84%	48%	52%
	10～15km	34%	7%	10%	7%
	15～20km				5%
流出至上海中心城区工作地与地铁站点分布距离特征	300m以内	19%	15%	27.44%	14.83%
	300～500m	18.60%	18.60%	17.86%	23.92%
	500～1000m	40%	41%	40%	42%
	1000～1500m	11%	11.86%	11%	13%
	>1500m	11%	13%	4%	6%

来源：《2021长三角城市跨城通勤年度报告》。

第 3 章

利用既有铁路改建市域（郊）铁路服务通勤的优势

结合国内外市郊铁路发展情况，利用既有铁路资源开行市郊列车的模式受到工程界和地方政府的广泛重视。在市郊铁路发展落后于城镇化进程的整体条件下，利用既有铁路资源开行市郊列车被认为是缓和交通基础设施建设周期长与城市群间出行现实大需求间矛盾的有效办法。同时，市郊铁路发展利用既有铁路资源是基于传统铁路资源存在富余运力的基础之上的，不仅不会对既有铁路服务形成挤压，反而通过发展市郊铁路盘活既有铁路资产，提高系统运行整体效率和综合效益，实现对于国土空间的优化开发。

从政策层面上看，无论是1173号文，还是116号文，都强调利用既有铁路开行市郊铁路。后者再一次强调了以下工作重点：

（1）铁路枢纽功能调整：城市内部铁路功能合理外迁，优化铁路运输组织，充分挖掘和释放运力；

（2）补强既有铁路：改扩建局部线路、改造站房站台、增建复线支线及联络线、增设车站。

综合分析利用既有铁路资源改建市郊铁路，具备在成本、选线以及土地利用等方面的多重优势。本章将基于对绍兴城际线研究过程中所遇到的实际情况，结合理论对利用既有铁路改建开行市郊铁路进行分析介绍。

3.1 兼营型市郊铁路的成本优势

3.1.1 既有铁路资源多

我国很多大城市具有大量的既有普速线路、设备资源。随着高速铁路的建设，区域与城市的长距客运逐渐向高速铁路转移。截至2020年底，我国高铁营业里程达3.79万km，目前，全国铁路日均开行动车组列车7400多列，已占全部旅客列车开行数量的77%。日均发送旅客由2008年的35万人次增加至2019年的645.9万人次，年均增长30.3%。2020年，高铁客运周转量在全社会客运量占比达25.2%，较2012年提高20.4%。客运向高速铁路的转移，使得大量传统普速铁路在铁路运输中的地位和作用逐渐单一，部分甚至已经停运或只用于运送货物，造成资源浪费，如武汉京广旧线、成都西环线以及重庆西铜便线等。

铁路系统的客运分离与货运外迁使城市内既有铁路运能得到充分释放，因此，充分利用城市内外运能过剩的既有铁路，从理论上就可有效补充市区与远郊、小城镇之间的轨道交通联系。同时，利用既有铁路、场站和设备资源发展新运输对盘活存量资源、改善铁路经营状况具有重大意义。

以杭州都市圈为例，在六次铁路大提速的过程中，杭州逐步调整铁路网规划和建设，将发展重点转向高速铁路。相比之下，普速铁路重要性减弱，改造只对普速铁路进行小幅度调整，在保持总体网络不变的前提下，取消了部分县级小站和近距离车站，新增联络线，停用部分绕行线路等（表3-1）。

杭州市普速车站统计 表3-1

客站类型	数量（个）	车站名称
客运站	3	杭州站、杭州东站、杭州南站
货运站	6	临平站、笕桥站、白鹿塘站、杭州北站、行宫塘站、仓前站
编组站	1	乔司

来源：笔者根据统计年鉴整理绘制。

目前杭州市内普通铁路线路长度约230km，车站17个，其中客运站3个，货运站6个，编组站1个。杭州都市圈范围内有大量普速铁路线路和设备资源，包括正线、站线和特别用途线在内，长度达480km，如萧甬铁路、沪杭铁路、浙赣铁路、宣杭铁路等既有线路和配套设备（图3-1）。由于铁路货运外迁及长途客运功能的剥离使得这些普速铁路资源处于闲置或资源利用不足的状态（图3-2）。

3.1.2 兼营型市郊铁路建设成本低

统计对比国内部分既有线路改建与新建市郊线路建设费用和单价发现，利用既有铁路

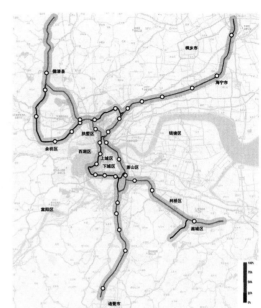

图3-1 杭州都市圈现有普速、高铁及地铁线路图　　图3-2 杭州都市圈主要普速铁路运能利用情况

改建而成的市郊铁路根据改建具体情况不同每公里费用差距较大，但均远远低于新建市郊线路的每公里费用数值。相较于继续延伸城轨线路和新建高铁，利用既有线路改建市郊铁路在工程造价上具有极高的优势（表3-2）。

绍兴轨道交通城际线是其由原萧甬铁路改建而来的连接杭州、绍兴与宁波的市郊线路。其一期改造总费用仅为5亿元，平均每公里约花费约1000万元。相比当期线网走向类似的轨道交通1号线、杭甬高速铁路，平均每公里造价分别是绍兴轨道交通城际线的71倍与14倍。

国内部分市郊铁路建设费用统计　　表3-2

	线路名称	建设费用（亿元）	总里程（km）	平均每公里费用（万元/km）
改建线路	上海金山铁路	48	56.4	8511
	北京S2线	6	77	779
	绍兴城际线	5	48	1042
	市域铁路成蒲线	155	99	15657
新建线路	成都成灌铁路	130	56.59	22972
	温州市域铁路S2线	261.526	63.63	41101
	台州市郊铁路S1线	228.18	52.568	43407
	上海机场联络线	480.54	68.6	70050

来源：笔者根据统计年鉴整理绘制。

3.1.3 建设工期短

利用既有铁路改建市郊铁路可有效缩短建设工期,在勘测、设计、建设等流程节省大量时间。统计国内改建和新建两种不同方式建造的市郊铁路,改建项目平均工期为1.5年,而新建项目平均工期为4年(表3-3)。

市郊铁路建设项目工期统计表　　　　　　　　　　表3-3

	线路名称	工期(年)
改建线路	上海金山铁路	3
	北京S2线	0.5
	绍兴城际线	1
	市域铁路成蒲线	1
新建线路	成都成灌铁路	4.5
	温州市域铁路S2线	4
	台州市域铁路S1线	4
	上海机场联络线	6

来源:笔者根据统计年鉴整理绘制。

3.2 既有铁路的廊道资源优势

3.2.1 站点位置与客流需求基本一致

充足、稳定的客流是市郊列车开行的前提和保证。我国大多数大城市既有铁路线路资源覆盖充分,特别是在中心城区与郊区和周围小城镇之间,往往覆盖了大量的铁路网络,这为市郊铁路的发展提供了良好的通道资源。另外,既有铁路站点更靠近城市中心,与工作岗位之间有着较为密切的联系,与市郊铁路改造服务于通勤客流的需求能够吻合。

分析杭州都市圈既有普速铁路线网和站点分布情况,杭州市区中心人口、工作岗位主要集中于上城区、下城区、西湖区及拱墅区,现有普速铁路紧密串联了中心城区与周边各城市组团。改建现有普速铁路发展市郊铁路,服务往返通勤、商务客流,对支撑杭州都市圈建设起到有力的支撑(图3-3)。

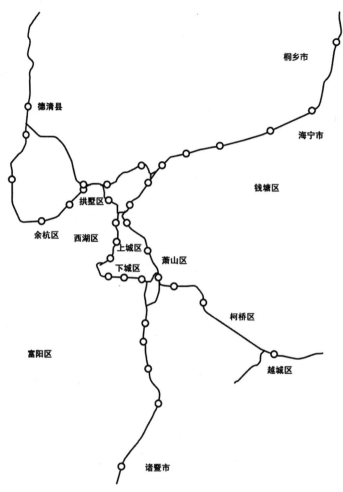

图3-3 杭州都市圈内主要普速铁路分布和区、市分布关系
来源：笔者绘制。

3.2.2 已具备一定的客流资源

既有铁路通常建设年代久远，因此随着城市的扩张部分既有铁路站点，尤其是较大的车站位于城市建成区内部，具有一定的配套公交、地铁等换乘条件及客流资源。老车站对于城市居民而言更为熟悉，存留一定的记忆，这为市郊线路开通形成了一定的客源积累。

以绍兴轨道交通城际线绍兴站为例，车站位于绍兴主城越城区，等级为二等站。自1996年重建以来，目前该站每日仍有24列非动车组列车通过，在节假日的长途出行中仍扮演重要角色。长期的铁路运营使得车站周边集聚大量公共交通资源，为绍兴站乘客换乘提供了更多便利（图3-4，表3-4）。

图3-4 绍兴站周边公交站点、线路及车流量
来源：笔者绘制。

绍兴站列车时刻表　　　　　　　　　　　　　表3-4

	车次	类型	始发站	终点站
1	K847	快速	贵阳	宁波
2	K1247	快速	重庆	宁波
3	K582	快速	南宁	宁波
4	K1077	快速	重庆北	宁波
5	K8563	快速	亳州	宁波
6	Z31	直特	武昌	宁波
7	K75	快速	长春	宁波
8	K1219	快速	南昌	宁波
9	K1078	快速	宁波	重庆北
10	K422	快速	宁波	成都
11	K584	快速	宁波	南宁
12	K655	快速	郑州	宁波

续表

	车次	类型	始发站	终点站
13	K848	快速	宁波	贵阳
14	K211	快速	广州	宁波
15	K1120	快速	宁波	南昌
16	K212	快速	宁波	广州
17	K1248	快速	宁波	重庆
18	K466	快速	宁波	西安
19	K656	快速	宁波	郑州
20	K465	快速	西安	宁波
21	K76	快速	宁波	长春
22	K8564	快速	宁波	亳州
23	K8500	快速	宁波	阜阳
24	Z32	直特	宁波	武昌

来源：笔者根据统计2019年年鉴整理绘制。

3.3 既有铁路沿线开发成熟度土地利用优势

3.3.1 有一定的开发基础

需要修建市郊铁路的城市，往往其经济、社会发展比较成熟，市区普遍是已建成区，新增基础设施的限制因素多，尤其是难以提供新的通道。而既有铁路车站往往位于或接近城市中心地区，具有一定的开发基础。虽然车站周边建成环境往往较差，但这也为站点周边进行二次开发带来的更大收益提供了基础。

以市郊铁路绍兴段站点与高铁绍兴北站做对比为例。对现状市郊线上钱清站、绍兴站和上虞站3个站点周边2km用地功能进行统计，其已开发建设用地比例分别为61.7%、81.5%及56.4%。而高铁绍兴北站由于建在城市外围区，站点周边配套并不完善，站点周边开发用地占比52.6%，虽经历十余年的开发建设但其成熟度仍低于既有站周边（图3-5，表3-5）。

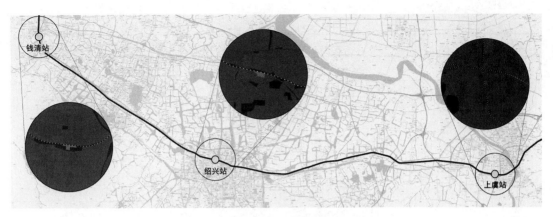

图3-5 萧甬铁路绍兴段站点周边用地情况
源自：笔者绘制。

市郊铁路站点与高铁站点周边开发情况对比　　　　表3-5

	市郊铁路站点			高铁站点
站点名称	钱清站	绍兴站	上虞站	绍兴北站
开发建设面积占比	61.7%	81.5%	56.4%	52.6%

来源：笔者根据统计年鉴整理绘制。

3.3.2 站点土地资源价值高

随着城市经济社会的发展以及城市结构的转变，既有线路站点周边往往经历数轮城市更新与产业升级，形成较为完善的城市功能配套与产业功能体系，这直接反映为更高的土地价值及再开发价值。

以绍兴轨道交通城际线一期站点与高铁绍兴北站周边住宅价格为例，市郊绍兴站周边1km范围内住宅平均价格约29867元/m^2，远高于高铁绍兴北站的14186元/m^2（表3-6、表3-7）。

市郊铁路绍兴站周边住区房价统计　　　　表3-6

站点	住区名称	到站点距离（m）	房价（元/m^2）
绍兴站	清水嘉苑东区	325	34397
	水木清华	400	23610
	玛格丽特商业中心	220	24207

续表

站点	住区名称	到站点距离（m）	房价（元/m²）
绍兴站	绍兴天下观澜园	850	26965
	锦江文华	600	20741
	大滩六号别墅	400	46323
	星源名都	550	40086
	金寨公寓	750	23071
	山水名家	700	25109
	山水人家	900	23386
	摩尔城雍景园	900	37868
	兴文公寓	500	32786
	永和家园	600	26879
	石家池小区	600	32714
平均房价			29867.29

来源：笔者根据网络信息整理绘制。

绍兴北站高铁周边房价情况统计　　表3-7

站点	住区名称	到站点距离（m）	房价（元/m²）
绍兴北站	大庆锦苑	1000	15118
	青云锦苑	900	12524
	龙景嘉苑	1600	18998
	亲馨家园	1800	11052
	羊山华庭	1400	15571
	华龙小区	1900	11853
平均房价			14186

来源：笔者根据网络信息整理绘制。

3.4 本章小结

综上所述，既有铁路线路和设备资源多，大部分位于城市建成区，有一定的开发基础，并且站点周边的土地价值高，能够提供市区中的宝贵通道资源。利用既有铁路改建市郊铁路并服务于远郊通勤可行并具有经济、效用等多方面优势。

第 4 章

制约市郊铁路构建通勤圈的因素

一个完整的都市圈通勤圈构成主要包含三个要素：一个能够提供充分就业机会的城市中心、众多能够负担得起的居住地以及便捷的交通通道。因此，我们分析制约利用既有铁路发展市郊铁路的关键因素，将主要从这三个方面出发进行深入研究。

具体地，本章将继续以理论结合在对绍兴城际线研究过程中所遇到的实际情况开展分析介绍。

4.1 端点站就业岗位不足

4.1.1 普速铁路外迁是主要原因

在高速铁路发展与普速铁路改造的过程中，普速铁路的站点，尤其是枢纽车站，往往被外迁至城市外围地区，直接造成改造后普速铁路站点区位优势的丧失。

如北京市郊铁路S2线原为北京市二环附近的北京北站始发，后让位于京张高速铁路建设，改为位于五环外昌平区黄土店站始发。杭州普速客站的始发、终到作业则由位于市中心的杭州站外迁到位于萧山区的杭州南站，距离杭州市中心约11.6km。相比较，杭州站和杭州东站距离市中心均不足5km（图4-1）。

距离市中心的远近与土地利用方式、开发强度，就业岗位的密集程度有直接关系。普速铁路枢纽站点外迁后站点周边土地开发强度下降明显，公共服务与工作岗位供给质量、数量明显低于中心城区。据统计，普速铁路杭州南站周边建筑综合容积率约0.92，建筑密度41%，远低于杭州东站附近（图4-2）。

同时，在对市郊铁路沿线站点改造过程中，往往只根据市郊列车特点进行了工程技术上的微调，而没有进行配套的土地开发、增建设施。导致客站还是延续着传统枢纽规模小、功能单一、低密度的大广场模式。这不仅造成了车站周边高价值土地资源的浪费，更恶化了车站锚固工作岗位、居住地、出行目的、出行来源地的作用。

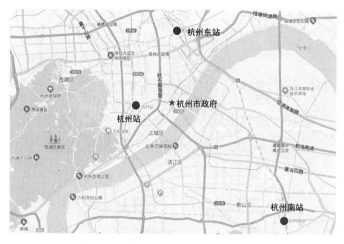

图4-1 杭州普速铁路杭州南站外迁区位图

4.1.2 站域空间综合利用不足是次要原因

根据国际先进城市建设市郊铁路的经验，站点周边高效的土地利用对市郊铁路的可持续发展至关重要。市郊铁路的首要功能是满足通勤需求，以及部分旅游和商务客流需求。在此基础上，围绕客流带来的商业价值和产业、人口导入的

（a）杭州南站周边建筑分布　（b）杭州东站周边建筑分布

图4-2 杭州南站与杭州东站周边建筑分布对比
来源：笔者绘制。

机会也容易在站点周边聚集。在服务客运需求的同时，合理开发建设办公商业、住宅、公寓等各类设施，一方面可以创造提升商业价值，回收铁路的外部效益，另一方面也能成为铁路的目的地与客源地，优化铁路客流。

如果车站周边的土地开发不足，就会导致人口就业岗位不足。对比杭州南站和杭州东站周边1500m范围内的办公、服务类设施数量可以发现，杭州南站远小于杭州东站（图4-3）。由于土地利用强度低和站点周边配套开发不足，对比杭州三个普速铁路站点杭州东站、杭州站、杭州南站在工作日上午10点的人口热力图，就可以发现杭州南站就业人口密度远低于杭州东站和杭州站（图4-4）。

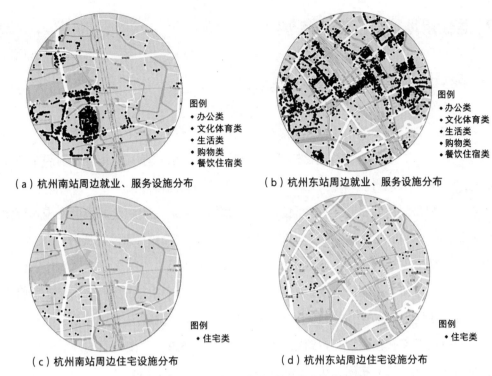

图4-3 杭州南站与杭州东站周边各类设施分布对比
来源：笔者绘制。

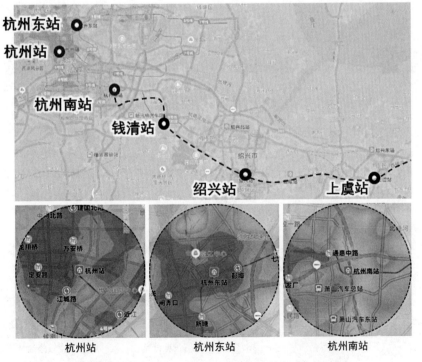

图4-4 工作日上午10点杭州南站与杭州东站人口热力图对比
来源：网络。

4.2 居住用地功能配套不完善

4.2.1 站点开发强度低

由于既有铁路车站建设年代较久，和传统民居对铁路噪声、交通阻隔的排斥，其周边往往是城市中活力缺乏、功能退化的地区，站域空间品质较差，土地开发利用粗放，这导致这些传统车站区域对非铁路交通类型客流吸引能力普遍不足。

在对绍兴城际线的研究中，我们分析了沿线站点周边住宅和公共服务设施建设情况。通过爬取高德地图上站点周边1500m范围内的设施数据坐标，可以发现钱清站、绍兴站、上虞站中只有绍兴站周边各类设施分布集中并且距离站点近，也只有绍兴站周边的住宅区密集。而钱清和上虞两个站周边的设施距离站点较远，站域空间开发不足，尤其是居住空间较少。住宅数量过少会导致站点覆盖人口少，这也是影响线路客流量的重要原因（图4-5）。

土地开发强度直接表现在建筑密度和容积率上，通过在百度地图的开放平台获取的建筑数据并形成的建筑分布图，可计算出，三个站点中，只有绍兴站周边1500m内开发程度最高，建设用地占比达到81.5%，建筑密度约47%，容积率约为1.4。而钱清站、上虞站周

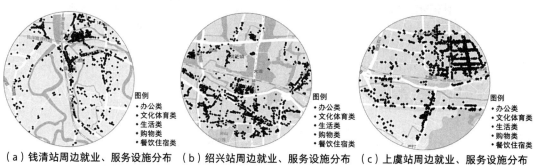

（a）钱清站周边就业、服务设施分布　（b）绍兴站周边就业、服务设施分布　（c）上虞站周边就业、服务设施分布

 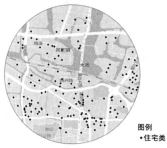 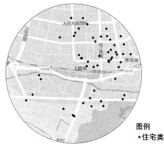

（d）钱清站周边住宅设施分布　　　（e）绍兴站周边住宅设施分布　　　（f）上虞站周边住宅设施分布

图4-5　市郊铁路站点周边各类设施分布

来源：笔者绘制。

（a）钱清站周边建筑分布　　　（b）绍兴站周边建筑分布　　　（c）上虞站周边建筑分布

图4-6　市郊铁路站点周边建筑分布情况
来源：笔者绘制。

边的开发强度较低，虽然有一些建筑密度高的地块，但普遍距离车站较远，且有铁路线或河流阻隔，难以达到强化客流式服务乘客的目的（图4-6，表4-1）。

萧甬铁路站点周边开发强度比较　　　　表4-1

站点名称	已建设用地占比（%）	容积率	建筑密度（%）
杭州南站	72.3	0.92	41
钱清站	61.7	0.05	4
绍兴站	81.5	1.2	47
上虞站	56.4	0.14	9

来源：笔者根据网络信息整理绘制。

4.2.2　站点覆盖人口少

历史悠久的既有普速铁路普遍经历过多次的技术更新与改造，其中最典型的是普速铁路历经三次大提速，这些提速除提升铁路运营速度外，还取消了大量四等及以下小车站。这导致站间距加长，虽然站间距较大，列车无需频繁启停，"一站直达"目的地的模式可以很大程度上提高大站间居民的出行速度，但过大的站间距带来一个重要问题是对需要服务的市郊城市组团不能实现完全覆盖。这就使得沿线土地虽临近线路，但不临近车站，相应功能与铁路的接驳距离很长，使用不便，反之因为地上线路切割造成两侧联系困难，降低了环境品质和可达性。

都市圈轨道交通的站间距对居民出行速度、服务人口数量、城镇发展形态都有不同程度的影响。站间距过大，从城市发展形态角度看，距离远的两个站点周边也无法实现集中连片，无法带来聚集经济效益，各站点只能沿着轨道交通线各自独立发展，成散点状分布。在传统城市轨道交通中站间距过小，就意味着列车就需要不断地启动和制动，甚至启动后没有达到最大速度时就要制动，频繁的启停使列车运行速度大大降低。如地铁的设计时速为80~120km/h，但实际运行速度往往只有20~40km/h。铁路系统普遍建有越行线，这使得小站距情形下仍可以开行快速的大站快车，从而避免了站距与服务水平的矛盾。因此，市郊铁路适当减小站间距会使城市的土地利用更为集中，因车站的聚集作用，以站点为核心发展的各区域可以集中连片地沿着轨道交通均匀扩展。这种模式显然更加集约，可以为沿线更多土地带来发展的机会。对线路来说，设站密度增加，可服务的人口也会增多，对周边乘客换乘也会更加方便，很大程度上扩大了线路的吸引范围。

研究国外市郊铁路站间距可以发现，站间距一般根据线路定位、服务范围的不同而不同。东京都市圈除地铁系统外，还包括国铁JR线、私营铁路。国铁JR线为双环放射状结构，同时服务于市区和市郊，夜间还承担货物运输功能，平均站间距约5km。私铁服务于市郊部分居民区，站间距更小，约为2km。相似地，伦敦市中心内铁路的平均站间距约2.5km，近郊区站间距约3.5km，远郊区站间距约7.5km。虽然服务于不同圈层的铁路有着不同的服务目标和相应特点，但总体来说，小站距高密度、走廊化都是其显著和普遍的特点（表4-2）。

国外城市市郊铁路平均站间距　　　　　　表4-2

城市	市郊铁路名称	线路长度（km）	车站数量	平均站间距（km）
纽约	长岛铁路	1100	124	8.94
巴黎	RER-A	108.5	46	2.41
巴黎	RER-B	80	47	1.74
温哥华	西岸快线	68	8	9.71
伦敦	地上铁路	86	55	1.59
孟买	西区铁路	120	37	3.33

来源：笔者根据网络信息整理绘制。

对比国外市郊铁路，国内市郊铁路尤其是利用既有线路改建铁路的平均站间距都比较大，这直接导致有效范围内铁路服务的人口数量少，不能满足除站点地区外沿线居民的通勤出行需求，降低了对客流的吸引力，导致市郊线路面临乘客不足及运营亏损严重的重要因素（表4-3）。

国内既有铁路改造市郊铁路项目站点间距比较　　　表4-3

项目名称	既有铁路	线路长度（km）	车站数量	平均站距（km）
北京副中心线	京哈铁路	30	4	10
北京S2线	京包铁路	64	4	21.3
北京S5线	京包、京通铁路	79	3	39.5
北京至蓟州	京哈铁路	82	3	41
金山铁路支线	金山铁路	56.4	8	8.1
天津至蓟州	津蓟铁路	113	10	12.6
天津至于家堡	京津城际延伸线	45	4	15
福州至坪山	厦深铁路	45	3	22.5
诸暨至杭州东	杭长客专	68	2	68
宁波至余姚	萧甬铁路	48.7	2	48.7
绍兴至上虞	萧甬铁路	28	2	28

来源：笔者根据网络信息整理绘制。

以上问题反映在对绍兴城际线乘客的问卷调查中。可以看到，出发地离站点近排在被调查者选择是否乘坐的第一位。如果对比绍兴城际线与绍兴轨道1号线可见，其站点辐射范围内住区数量、服务人口等存在显著差异（图4-7、图4-8）。由此可见，线路上站点的服务范围是市郊线路扩大吸引力、提高竞争力的一个重要方面。

4.2.3 沿线土地与通勤功能不匹配

对于联系城市与区域城镇的既有铁路来说，除部分站点位于建成中心区内外，受限于原普速铁路客货混行的特征，多数站点周边土地及沿线土地为农业或工业用地，这类土地中人群密度低，出行需求强度低，无法形成有效的客流。

以绍兴城际线为例，其线路中间穿越绍兴郊区如兴工路、金柯桥大道、镜水路、迪荡、钱陶公路等地区。根据卫星图和土地利用情况，这些区域多为半城市半农村地区，用地以农田和工业区为主，与通勤关联度极低，对培育客流没有帮助。而萧甬线改造时也未考虑到这一点，线路周边土地没有调整，对车站稍加改造即投入使用，车站周边没有同时展开配套开发或城市更新。这种对客流没有促进作用的开发造成了线路客流增长缓慢（图4-9）。

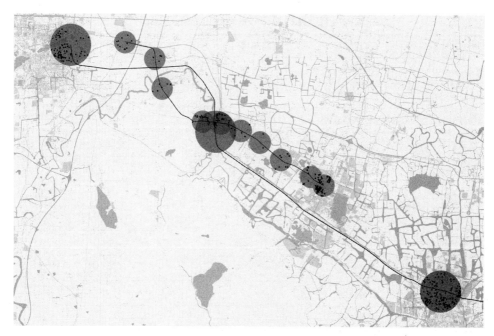

图4-7 绍兴城际线与轨道交通1号线沿线站点服务范围住区数量示意图

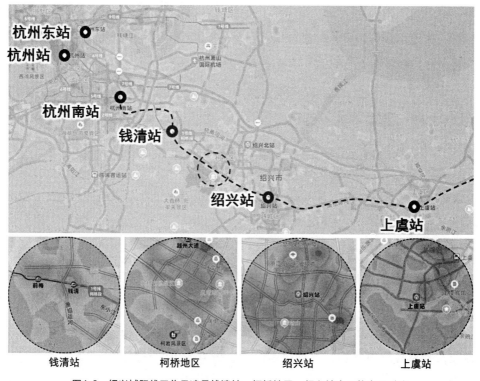

图4-8 绍兴城际线工作日凌晨钱清站、柯桥地区、绍兴站人口热力图对比

图4-9 萧甬铁路周边居住和服务功能用地分布情况
来源：网络。

4.3 工作居住地交通衔接不便捷

4.3.1 通勤时间成本大

由上节分析可知，通勤效率的高低与通勤时间的多少，是决定通勤半径的主要指标。提升站点接驳交通与站点综合换乘的效率，是提高通勤效率的关键举措。

在对绍兴站乘客进行的问卷调研中，大部分乘客到达目的地全程需要70min以上。细分来看，虽然对于出行目的为探亲访友的大部分乘客表示时间可以接受，但对出行目的为通勤的乘客对目前的通勤时间接受度不高（图4-10）。

如果进一步将出行全程分为：出发地到车站、起始站换乘、起始站到终点站、终点站换乘、出站到目的地五个过程，分别统计满意度和原因，就可以发现乘客对换乘接驳阶段不满意的情况较多，并且原因主要集中在耗费时间过长（图4-11、图4-12）。

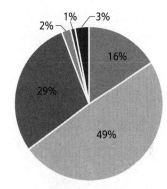

图4-10 乘客在杭州市区换乘时间统计
来源：笔者根据调研结果绘制。

1. 居住与工作地未直接连接

我国大城市既有的普速铁路与城市生活功能长期以来存在相互排斥和彼此隔离的特点。因此，在这些车站和线路周边，既没有城市轨道交通车站周边和沿线地区常见的高密度开发建设，也没有人口和工作岗位的聚集，经过多年的"功能退化"与"错位发展"，许多既有普速铁路车站及周边地区已经演化为城市中的"灰色"地带。同时，随着高速铁

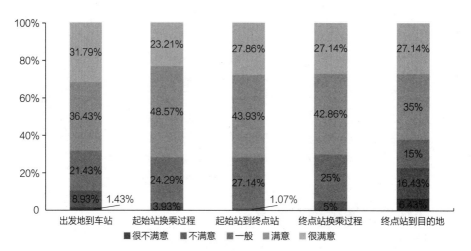

图4-11　乘客满意度评价
来源：笔者根据调研结果绘制。

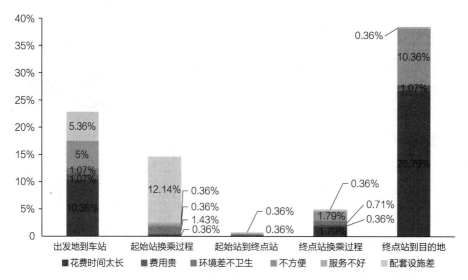

图4-12　乘客不满意的原因统计
来源：笔者根据调研结果绘制。

路对普通铁路客运职能的升级与替代，普速铁路网络甚至已经开始逐渐退出城市中心的密集地区，普速铁路的起讫点与城市核心区的工作岗位和人口之间往往有明显的空间错位现象，这就意味着如果使用既有普速铁路作为市郊铁路承担都市区通勤功能，那么这些线路对城市核心区工作与居住功能连接普遍需要其他交通方式进行转换，整体连接度普遍偏弱。以绍兴城际线为例，既有的杭绍间普速铁路原本是可以跨越钱塘江进入位于杭州市中心的杭州站的，但是由于高速铁路引入杭州站后，跨江通道更多地让位于更具优先权的高速铁路。因此，在扣除高速铁路干线的跨江需求后，留下给市郊铁路的通道运能已经

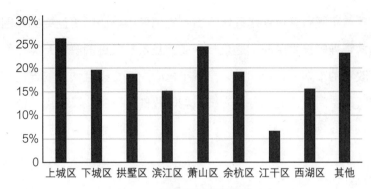

图4-13　乘客出行目的地统计
来源：笔者根据调研结果绘制。

十分有限，基本上无法满足运营的需求，所以市郊铁路只能退向远离城市核心区的外围车站（图4-13、图4-14）。

从国际经验来看，以通勤功能为主体的市郊铁路的运营模式应更接近城市轨道交通的非实名、非定席、即到即走、简易安检的模式。这是由于通勤交通对时间的敏感度远大于对舒适性的敏感度。制定席、实名制、预约票等管理和票务措施虽然可以增强旅客的安全度和舒适性，但是也会在事实上或在概率上大大增加

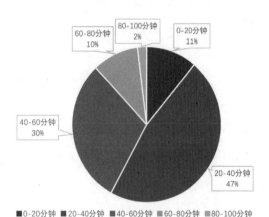

图4-14　乘客在杭州市区换乘时间统计
来源：笔者根据调研结果绘制。

出行链的总时间消耗。这导致多数国内城市利用既有线路开行市郊铁路时，地方政府都希望建立独立于铁路的售检票和管理的单独系统，甚至希望市郊铁路彻底地脱离铁路，更多与城市轨道交通的运营管理系统相结合。但是，这又产生了一系列关于运营和管理的连锁问题。例如在很多情况下，既有铁路都会接入铁路尤其是大型铁路综合客运枢纽。因此，如果实现市郊铁路与高速铁路的差异化管理，就需要在铁路枢纽的管理框架和建筑空间中，单独划出一个与其他线路不同管理标准、不同运营主体、不同安全标准、不同流线组织的特殊分区，而且该分区需要能够实现与其他分区的物理隔离。这在现实中的实施是非常困难的。例如当绍兴城际线试图进入距离市中心稍近一些的杭州主枢纽杭州东站时，就遇到了类似的问题。如果采用差异管理的模式，那么城际线只能使用位于东站一侧的基本站台，才可以在站房和流线设计中划分出独立的功能和空间单元，但是如果城际线进入基本站台，那么就需要切割高速铁路的多路正线，从而影响整个车站的运营效率。

这事实上导致了既有普速铁路只能退回到距离城市核心区更远端的外围车站。虽然在行车组织、运营管理等技术层面，这是一个简化且容易实施的解决方案，但实际上却造成了利用既有线改建的市郊铁路更加难以与城市核心建立直接且便捷的连接。线、站与工作岗位与居住场所的空间关系更加分离。在该城际线的案例中，其终点只能退回距离杭州市中心20余公里的杭州南站。

2．换乘衔接不便

（1）公共交通换乘不便

提升轨道交通站点与其他交通方式的换乘效率，对提高都市圈层面通勤出行链的总体效率至关重要。调查表明，利用轨道交通出行总时间中的66%由来往车站转换的时间消耗所确定，34%由其他因素决定。东京、巴黎、伦敦等城市十分重视市郊轨道交通与其他公共交通方式的接驳，但是与国外市郊铁路公共交通换乘效率相比，国内现有郊区市民利用市郊铁路抵达中心城的出行便利性明显不足。另外，从管理和技术特征看，利用既有线改建的市郊铁路多在管理模式上保留传统铁路属性，因此在与其他交通方式的衔接过程中也出现如安检不互认、发车间隔不叠加等制度缝隙，也显著地间接降低了市郊铁路通勤的可行性（图4-15、图4-16）。

（2）慢行可达性差

慢行可达性是评价车站核心辐射范围的重要指标。慢行系统包括慢行路径与慢行空间两个部分，具有交通与游憩两大属性，在交通方式上，主要是速度较低的步行、自行车等交通方式。学者刘海音等认为，慢行空间是通过慢行系统交通的路径所串联起的城市环境要素与公共交往空间的集合。根据付聪聪的研究，一般从慢行出行的可达性、舒适性、便捷性和慢行交通设施的完善程度等方面对该空间进行评价，评价指标主要涵盖交通基础设施、出行成本、活动空间服务设施等，定量和定性评价方法相结合。

以交通基础设施为例，完善成熟的轨道站点区域慢行空间，往往会呈现较高的路网密度。在具体的网络结构中，高密度往往并非指城市干道网的密度，而体现在城市支路网和慢行网的密度，一个优良的站区交通基础设施通常其慢行网络密度大于机动车网络。

我们选取绍兴城际线杭州南站和绍兴站，并与杭州南站附近的人民广场地铁站点周边1km路网作比较。可以发现杭州南站和绍兴站两个枢纽及铁路线路本身都对路网的割裂较为严重，造成站点周边慢行系统呈碎片化状态，而位于地下或高架属于立体空间层次，车站规模较小的城市轨道交通线路和站点对周边环境影响较小（图4-17）。

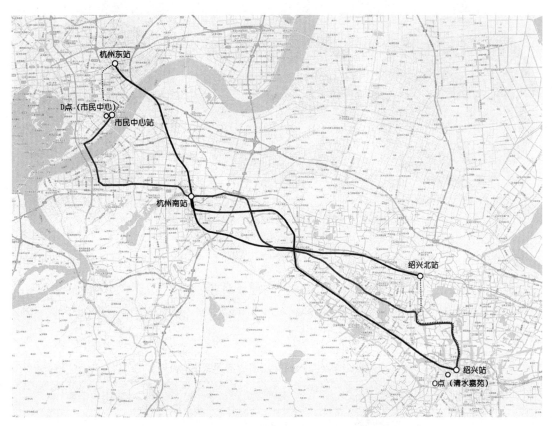

图4-15 绍兴站周边居民乘地铁、高铁、市郊铁路通勤路线图

		中心区	步行到地铁站	绍兴地铁1号线	姑娘桥站	杭州地铁5-4号线	市民中心站	合计
地铁	线路用时(min)		5	52	2	41		100
		O点	450m	24km，18站	站内换乘杭州5号线		D点	
		中心区	步行到地铁站	绍兴地铁1号线	绍兴北站	G1866	杭州东站	杭州地铁4号线	市民中心站	合计
高铁	线路用时(min)		5	26	5	18	3	15		70
		O点	换乘绍兴1号线	9站	换乘高铁		换成杭州4号线	6站	D点	
		中心区	步行到绍兴站	风情线	杭州南站	杭州地铁5-4号线	市民中心站	合计
绍兴风情线	线路用时(min)		5	30	3	35		75
		O点	换乘火车		换乘杭州4号线	14站	D点	

图4-16 绍兴站周边居民乘地铁、高铁市郊铁路通勤用时比较

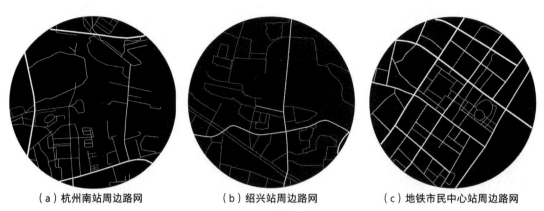

(a)杭州南站周边路网　　　(b)绍兴站周边路网　　　(c)地铁市民中心站周边路网

图4-17　市郊铁路站点与地铁站点周边路网对比
来源：笔者绘制。

统计表明，三个站点1km范围内支路（除内部道路）密度分别为7.44km/km²、6.52km/km²、10.59km/km²，支路面积密度分别为5.16%、3.49%和5.89%（表4-4）。

市郊铁路站点与地铁站点周边支路密度对比　　　　表4-4

项目名称	站点名称	支路密度（km/km²）	支路面积密度（%）
市郊铁路站点	杭州南站	7.44	5.16
	绍兴站	6.52	3.49
地铁站点	人民广场站	10.59	5.89

来源：笔者根据网络地图信息整理绘制。

我们参照卢源、王双迎在论文《大型铁路客运枢纽步行可达性评价研究》中提出的方法，利用规划云绘制三个站点乘客正常步速步行5min、10min、15min的可达范围，并在CAD中测量各图形面积，可以发现与支路密度的研究情况相似，两个市郊铁路站点都因为过于割裂环境而造成只有一个方向的可达性更大，而另一个方向受到站房和铁路影响可达性较低的特征，这是影响总的步行可达范围的重要因素（图4-18，表4-5）。

相应地，这些特点反映在对车站乘客希望站点周边开放空间类型偏好的问卷调查中，就可以发现：也有约52%选择公园绿化类型（图4-19），体现出站点乘客对站点周边出行环境的要求。

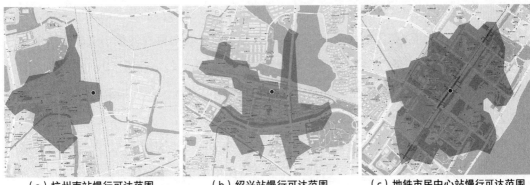

(a) 杭州南站慢行可达范围　　(b) 绍兴站慢行可达范围　　(c) 地铁市民中心站慢行可达范围

图4-18　市郊铁路站点与地铁站点慢行可达范围对比
来源：笔者根据规划云绘制。

市郊铁路站点与地铁站点10min可达面积对比　　　　　　　　　表4-5

项目名称	站点名称	10min步行可达范围（m²）
市郊铁路站点	杭州南站	573303.58
	绍兴站	751397.54
地铁站点	人民广场站	1385822.49

来源：笔者根据房天下网站信息整理绘制。

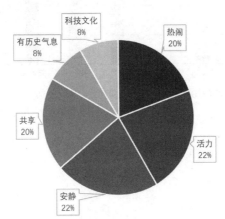

图4-19　车站周边开放空间的特征
来源：笔者根据调研结果绘制。

（3）配套交通服务设施不足

我们在对既有改造后站点配套交通服务设施的调研中也发现，车站周边自行车、私家车停车场等配套服务设施明显不足。

由于市郊组团轨道交通的缺乏，所以往往单个站点所需服务的范围远大于常规的城市轨道交通。除慢行可达范围居民之外，更多乘客需通过常规公共交通或小汽车出租车等前往站点。以波特兰WES通勤铁路为例，其全线5个车站，4个车站设置了P+R停车场，即换乘停车场，为24h免费停车，旅客通过自驾车停进P+R停车场，然后换乘轨道交通，它促成了公共交通与小汽车出行的有效衔接，缓解城市交通压力。

但是我们在对绍兴城际线调研中发现，各站点停车场设施明显不足，在绍兴市整体小汽车出行占比超过40%的情况下，自驾车前往站点比例极低。虽然高公交慢行换乘比体现了鼓励公共交通出行的理念，但缺少P+R换乘量显然也说明车站辐射范围受限，系统的使用人群受到了较大的限制（图4-20）。

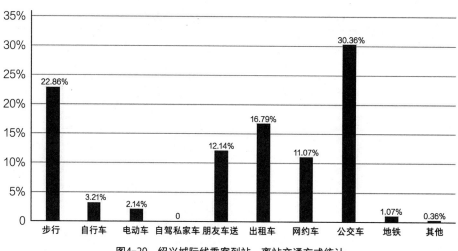

图4-20 绍兴城际线乘客到站、离站交通方式统计
来源：笔者根据调研结果绘制。

4.3.2 通勤可靠性低

1. 发车频率低

发车频率是困扰国内市郊铁路运营与客流普遍问题。据《市域（郊）铁路设计规范》TB 10624—2020要求，新建线路初期高峰时段不宜大于10min，平峰时段不宜大于15min；利用既有铁路开行市郊列车，高峰时段不宜大于15min，平峰时段不宜大于30min。目前上海金山铁路，早高峰时期最小发车间隔为13min，但其他市郊铁路大多无法满足这一要求。一方面改造而成的线路运力的客观限制；另一方面，这更是由于市郊列车吸引客流的能力不足，开行次数少，两者之间形成了恶性循环。

以绍兴城际线为例，其一期工程开通绍兴站、上虞站、钱清站，并引入杭州南站通车运行，目前每日开行列车13对，其中3对运行至宁波，4对运行至杭州南。杭州南站仅早高峰和晚高峰时期各有两趟列车，难以满足人们的通勤出行需求。由于通勤人群对时间的准确性要求高，发车频率低将减小对通勤人员的吸引力，这也直接导致市郊铁路通勤乘客占比低，难以达到市郊铁路运营的既定目标。

2．线路资源有限

在高速铁路普及以前，既有铁路需要承担客运和货运两种功能，在以往铁路运能不足的情况下，要首先满足长途点对点运输的需求。同时，货运是铁路重要的经济来源，与增加的市郊列车之间存在着资源竞争关系，在改建成为市郊铁路后，长途客运货运与通勤客流共用线路。在某种情况下，仍可能存在三种运输目标的竞争关系。

改建成的市郊列车行车对数受线路运能的影响较大，如目前运输能力最好的上海金山铁路，远期规划的每日发车辆为52对，与许多城市轨道交通远期高峰小时30对的设计能力相比存在较大的差异。

以杭甬通道为例，该线目前除承担沿线地区货运量外，还须承担沪苏南、浙东北及北部地区与东南沿海地区的部分货物交流。其中，萧甬铁路承担通道内全部货物列车。除货运列车外，萧甬线还在杭州南站与沪昆铁路相连，并邻接宣杭线和宁杭铁路，在宁波地区与甬台温铁路、白沙支线、北仑支线、镇海支线相接，承担着长途客运的任务（表4-6）。这些基础的客运货运需求虽然许多与市郊线的资源需求可实现时段错位，但资源的竞争关系仍不可忽视。

现状萧甬铁路行车量表　　　　　　表4-6

区间	客车（对）	货车（对）	客车车底	货车单机	合计
杭州南—钱清	17	38		4	59
钱清—绍兴	17	41			58
绍兴—皋埠	17	44			61
皋埠—上虞	17	41		1	59
上虞—余姚西	17	41		1	59
余姚西—宁波北	17	41		1	59
宁波北—庄桥	17	3			20
庄桥—宁波	17	1	3		124

来源：笔者根据年鉴整理绘制。

按照目前的客货运情况铺画萧甬线列车运行图，现状高峰小时（8：00-9：00）在满足萧甬铁路列车合理运行的基础上，还可开行四对城际列车；全日在满足萧甬铁路合理运行的基础上，能够提供给城际列车运行时间（6：00-22：00）内能力为43对（图4-21）。

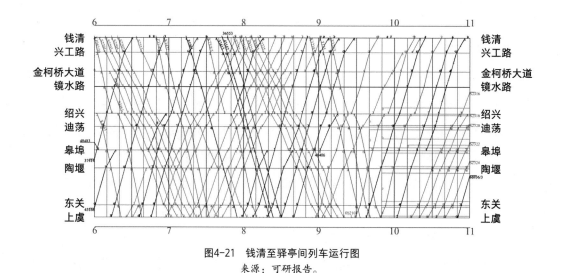

图4-21　钱清至驿亭间列车运行图
来源：可研报告。

3．运营和管理存在的矛盾

在当前的铁路建设模式下，服务于长途客运、货运的既有铁路线路产权和运营权都属于国家铁路集团及其关联主体，但由其改造成的市郊铁路却往往被期待成为城市轨道交通和城市公共交通系统的一部分。因此，在运营管理上两种需求与管理模式的冲突不可避免。这种线路归属和经营不统一的现象也常常会成为制约市郊铁路的建设、运营和管理体系连贯性，降低其整体效率的重要原因。

首先是铁路运营企业和管理企业对市郊铁路的服务定位存在着一定的差异，尤其是改造后既有铁路上仍有长途客运时，两者混跑，管理方不同，在实际运营中必然会相互影响，由此带来的经济损失如何补偿都成为重要的关节点。城市政府和国家铁路之间尚未探索建立一套系统完善的改建资金投入、路权开放、资源共享、运营补贴、利益分配机制和规范性做法，更没有形成一套多方认可、系统清晰的成套规则来界定双方权责，这实际是导致运营阶段出现一些困难，难以实现铁路和地方的双赢的重要原因。

其次是在市郊铁路建造期间，特别是既有线路完全改造为市郊铁路的形式下，线路投资的资产界面划分难，线路建成后资产归属、运营成本分摊、铁路运营企业同城市交通主管部门的合作机制等问题也是重要的关节点。

更重要的一点是，与国铁共站后，运营管理界面的划定存在问题。市郊铁路一方面是铁路的制式，进入的是铁路的站房；一方面却有着类似城市轨道交通的管理需求，需要公交化运营。如果按照铁路的标准管理，乘客进站和与地铁换乘不方便；但如果按照城市轨道交通的标准管理以方便换乘，又会造成国铁线路乘客进站的混乱，对国铁的运营管理造成很大影响。尤其是在长远要求上，市郊铁路可通过一定的技术改造，实现与地铁或城际铁路之间的跨网运营，这会涉及不同制式轨道交通系统以及多个部门，使得运营、乘客组织等更加复杂，因此迫切需要厘清市郊铁路运营和管理中与其他系统的壁垒，寻找跨网运营中合理的解决方案。

4.4 组团状区域城镇空间规划的制约

4.4.1 城镇扩张缺乏廊道规划

长期以来，我国城市的扩张都以城市空间的外廊式拓展为主。城镇用地的扩张快于交通覆盖的速度。城市规划和公共交通规划的不同步，导致城市并未沿公共交通廊道延伸，大部分城市都以圈层的方式扩张而非紧凑扩张。短时间内城市空间的快速扩张，在带来各种实际效益的同时，也出现了无序蔓延现象，随之产生的一系列城市问题，给周边的自然环境和城市人居环境造成了威胁。这也事实上造成市域轨道交通缺少城镇发展廊道基础的尴尬局面。目前国内空间规划多数仍以团状、圈层扩张的形态为主。相比较，市郊铁路较为成熟的国际城市空间规划注重廊道的规划和发展，如"指状城市"哥本哈根、多心多核的东京。这反映了规划理念上的差别。

虽然当前的国土空间规划的提出和实施统筹了城市与交通规划希望，统筹都市圈城镇空间规划的理念，但是现实中国土空间规划多仍以传统的大城市向外圈层扩张的形态为主。在这种背景下，空间规划提出以城镇发展边界来制约城市的扩张的思路，其团状空间发展边界更是制约了城市廊道的形成，使得城市大都市圈中心城市与各个次级中心、小城镇之间的廊道规划和发展受到影响。

4.4.2 城市发展边界的刚性制约

空间规划是基于空间用途管制的规划，是在保障生态空间不受侵占的条件下，城市能够得到尽可能大的发展空间。"三区三线"的划定也意味着城市的发展规模受到有限空间的制约，城市建设用地不再像之前一样无限制地扩张。用城镇开发边界、永久基本农田保护红线、生态保护红线划定城镇空间、农业空间及生态空间的范围。在空间规划体系建立的背景下，城市开发边界和生态红线的划定会使城市的发展限定在一定的开发范围内，交通设施的建设必然会由"设施增量"转向"设施存量"。然而，轨道交通站点的发展往往会受到城市发展边界的刚性制约而无法进行一体化开发，导致客流量差、廊道难以持续发展等问题，进而导致城市开发空间与交通建设空间不一致，城市之间的相互吸引、轨道与用地的相互作用减弱。

第 5 章

市郊铁路服务通勤圈的
优化思路与方法

本节旨在论述结合既有铁路改建开行市郊铁路的优势，针对市郊铁路服务构建通勤圈的制约因素，在土地利用、站点规划以及国土空间规划方面提出针对性的优化策略。

5.1 土地利用规划的优化

5.1.1 根据站点分布及用地需求调整规划

无论是利用既有铁路还是新建线路都是都市圈中心城区连通外围新城、卫星城或城镇组团稀缺的通道资源。因此在市郊铁路的前期工作中，充分研究如何结合空间规划中的形态规划构建与轨道交通充分整合的TOD模式发展廊道就显得尤为关键。这个廊道中交通与空间发展的充分融合将可以从适应客流需求方面，基于服务都市圈和通勤两个基本特征与汇集人流的角度，在进行站点周边配套开发时，以人群的需求为导向合理配置各类功能与业态，并提升土地利用的多样性。

以绍兴城际线新增柯桥站为例，相应的规划方案研究就将其周边人群细分四类：周边居民、周边工作群、轻纺城客商、景区游客。其需求除交通类需求外，还包括居住配套、产业配套、旅游配套等。通过这些需求的详细分析，在规划调整方案中，即根据服务社区生活需求、服务轻纺城产业转型发展需求、服务旅游发展需求，通过一体化的规划设计与功能安排力图实现产业、文旅、公共服务配套、综合枢纽功能于一体的一站式生活目的地。

5.1.2 依照TOD原则布局，增大站点周边开发强度

市郊铁路车站及其步行可达的周边区域规划建设始终是土地利用优化的重中之重。这个地区的规划应该成为市民工作、居住、消费的高密度、高品质集聚区。因此将车站所在地区的观光娱乐设施、商业设施、各类公共服务设施、办公及产业设施以及高品质的住宅尽可能地集中于车站周边，并与其一体化规划、同步（或分期）实施。在这种情况下，市郊铁路的客站不仅仅作为旅客乘降的场所，更要将有可能成为城市中心、功能中心，并把车站与周边建筑物融合在一起，使得大部分居民能够通过步行方便高效地使用市郊铁路。这既是为铁路集聚客流、充分发挥轨道交通大运量作用的需要，也是提高项目盈利能力、实现可持续发展的重要途径。

以绍兴城际线新增柯桥站为例，在充分分析站点定位之后，规划对站点周边地块用地规划进行调整。综合建筑密度与建筑限高的考虑，对各地块的容积率有不同程度的提高，增大开发强度，使整体建设规模由原来控规中的13.13万m^2提高到约13.85万m^2。按照新的站点规划，站点布局由原来的车站+广场改为站点+服务功能的一体化布局，相应的容积率由原来的0.8增加为1.2，提供了更多的居住功能、服务功能和就业岗位（图5-1）。

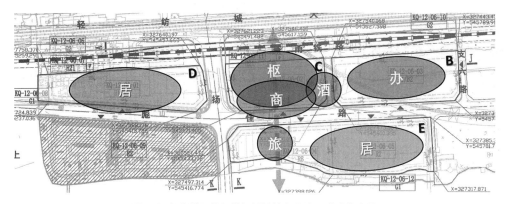

图5-1　绍兴城际线新增柯桥站站点周边开发功能布局

5.2 铁路线路及站点规划的优化

5.2.1 按照实际需求加密站点

利用既有铁路改建开行市郊铁路，按照现有和潜在客流实际需求加密站点，可有效增

加市郊铁路服务范围，有助于提升客流强度，实现更好的运营效益。

以绍兴城际线为例，其一期工程目前仅有钱清站、绍兴站和上虞站三个站点。为了增大可服务范围，便利绍兴其他区域与杭州的联系，城际线二期将在柯桥、迪荡、百官等地增加站点，使得绍兴境内由原来3个站点增加到12个站点，站点的平均站间距由原来的28km降低到6km（图5-2）。按照现状人口估算，平均每千米服务人口数将由992人增加到约1200人，这将显著增加城际线客流及其社会效益。

图5-2　绍兴城际线一期和规划二期站点
来源：可研报告。

5.2.2 调整起讫点，接入中心区

直通城市核心主要功能区是市郊铁路成败的关键，沿线站点的站城融合是市郊铁路健康可持续发展的灵魂。因此，市郊铁路规划要尽可能连通都市圈中心城市的主要商贸、文化、科研、交通集聚区，成为搭建起郊区组团与城市中心主要功能区间的快速桥梁。

绍兴城际线于2018年4月开通了绍兴-上虞站，9月开通钱清站，实现三区贯通运营。在此基础上，为贯彻杭绍甬一体发展，积极推进城际线"进杭连甬"工作，2020年7月1日，绍兴城际铁路接入杭州南站，首次实现与杭州主城区的联通。绍兴至杭州南旅行时间缩短至约40min，票价约10元。但经过调研，乘客在杭州南站的换乘过程和换乘时间都较长。考虑未来随着杭绍地区更多铁路线路的引入，杭州东站至杭州南站的普速线路通过能力有所释放，绍兴城际线接入杭州东站的可行性较高（图5-3）。连接杭州东站可为绍兴城区及郊区人群通勤提供更为快速的交通方式，免去长时间的换乘，增加客流。故而2020年8月《柯桥区综合交通专项规划》发布，提出"力推城际线接入杭州城站或杭州东站"的策略，但受制于通道资源短缺，其实施仍有待落实。

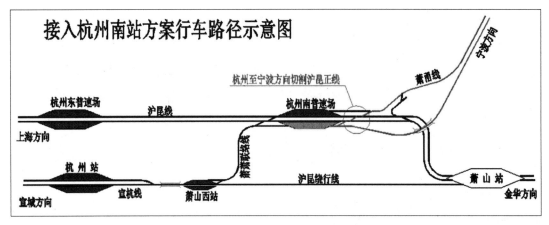

图5-3 绍兴城际线接入杭州南站方案行车路径示意图
来源：绍兴轨道交通集团资料。

5.2.3 完善站点交通衔接

1. 完善公共交通换乘流线

目前，大多市郊铁路与城市公共交通仍然在体制上存在相互隔离的现象，以及信息不互联、安检不互认、票制清算系统不互认的问题。这导致了乘客出行的不便，降低出行体验（图5-4）。市郊铁路作为城市公共交通系统的组成部分，应成为都市圈外围交通的核心，其他公共交通应围绕其站点集疏短途旅客，打造人性化的换乘交通枢纽。

根据我们的乘客调查，目前绍兴站到杭州的乘客满意度不高主要是由于绍兴端和杭州端换乘不便。因此换乘过程对于乘客体验来说至关重要，而在设计枢纽时，如何优化设计，以及强化各类换乘衔接的连续性，避免在某一处因步行距离过长、步骤烦琐、流线复杂等造成旅客滞留、延误行程就显得尤为重要。

另外，市郊铁路在运营模式上还应实现突破，在保持服务体系独立性的基础上，与其他交通方式实现安检互认，站台设置屏蔽门，实现旅客直接刷卡上站台候车。在国铁与地铁的换乘模式中，主要有站前广场换乘、站厅换乘、站台换乘、通道换乘等方式。其中，站台换

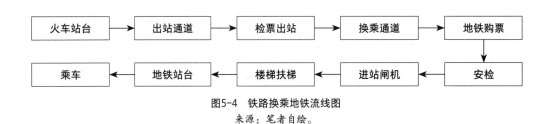

图5-4 铁路换乘地铁流线图
来源：笔者自绘。

乘无须重复进出站和安检过程，也无须换站台，乘客可直接通过国铁与地铁共用的站台实现无缝换乘，大大减少换乘的步行距离，这种方式也是未来的发展趋势。站厅换乘、通道换乘等模式也可以通过合理的流线设计和闸机设计避免二次安检，减少进出站流程。

例如在东京涩谷站，4条铁路线路和3条地铁线路可实现便捷换乘，车站共8层。地上线路之间采用站厅换乘模式，通过共用站厅进行换乘；地上线路和地下线路之间采用通道换乘的方式，通过电梯实现垂直换乘；地铁半藏门线与铁路东急田园都市线、地铁副都心线与铁路东急东横线之间，均可实现同站台换乘。

因此，市郊铁路与地铁之间也应借鉴国内外经验，促进地铁系统与铁路系统的安检互认，优化流线，实现无缝换乘。

2．提升慢行环境和步行可达性

由于既有铁路已经建成运营，因此在提升改造工作中，要牢固树立以人为本的设计建造理念，克服运营环境下各种困难，实施市郊铁路与城市公共交通站点一体化建设和运营整合，压缩步行距离，消除非必需的步行阶梯，实现便利性的提升，利用快速巴士、地铁等，打通最后一公里、扩大市郊铁路覆盖面。

交通方面，完善慢行路线，塑造连续完整的步行系统和自行车系统；另外，需要构造宜人的尺度和适宜慢行的空间环境。站点功能方面，需要构造多种功能复合的站点，如利用商业、公园、餐饮等形成功能密集的慢行体系。在柯桥站的一体化设计中充分考虑到慢行环境的优化和铁路割裂空间的缝合，通过连廊打造城市一站式步行空间和服务平台（图5-5）。

3．完善交通配套

对于非公共交通的配套，主要是P+R停车场、出租车换乘设施、自行车停车场等。市郊铁路站点应完善这类交通配套，满足乘客自驾、乘出租车等非公共交通方式的需求。

5.2.4 完善运营管理机制

1．协调运行时间，增大发车频率

人民群众对出行需求的高质量与需求层次的多样化并存，主要干线铁路所承担的普速旅客列车并未大规模缩减。考虑国铁干线主要功能是服务于城市对外旅客运输需求，在利

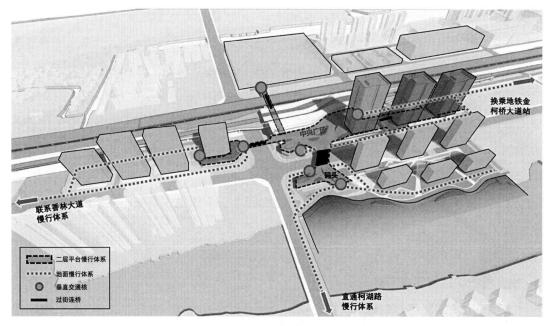

图5-5　绍兴城际柯桥站步行体系流线图

用既有铁路开行市域列车时应保障干线直通旅客、货物列车的运营。同时，为了实现市郊铁路公交化运营、满足早晚高峰潮汐的运输需求，一是可通过优化列车开行时刻，力争早晚高峰时段适度增开市郊列车；二是必须在运能紧张的段落实施提升改造工程，满足公交化运营。国家相关标准中建议达到高峰时段不大于15min，平峰时段不大于30min。

绍兴城际线为增大发车频率，积极开展干线通道资源的功能转移。绍兴市政府根据实际情况，提出江东通道方案和嘉甬通道方案，以解决宁波至杭州经绍兴的货运通道问题，同时解决杭州境内货运问题。为绍兴城际线利用萧甬铁路增加容量和城际线车次提供了保障。

2. 根据人流情况组织快慢车跨站运行

快慢车停站方案既可以满足所有乘客的出行需求，又可以提高长距离乘客对速度的需求，从而更加方便乘客出行，尤其对于通勤旅客这类对时间敏感的乘客而言，快慢车方案更具吸引力。

3. 协调运营与管理部门，创新管理机制

推进城市轨道交通与市郊铁路两个系统之间的相互衔接。由于市郊铁路具有跨市地铁的性质，现有铁路的管理体制不能满足市郊铁路的需求，需要地铁部门、铁路部门以及不同城市之间的同理合作、共负盈亏。同时，在政策法规上、行业规范上也要大力支持和推广四网融合，方便不同系统换乘的乘客。可以吸收自管自营和联合经营两种管理方式的优点，与铁路局进行联合经营。

在票务系统中，市郊铁路应突破传统铁路的"提前候车、核对车次、检票上车、对号入座"的模式，应以旅客"快进快出"为目标。市郊铁路应借鉴地铁车站和列车乘降管理经验和做法，规范设置指示牌、电子显示屏等导向标识和安检设施，采用自动检票闸机进出站，车内不对号，不限定具体车次与坐席，旅客可以选择最近车次，随到随走。此外，应考虑在市郊铁路和城市轨道交通间实现票务系统一体化，即使用城市交通卡便可乘坐市域列车。

5.3 空间规划方法的优化

5.3.1 交通规划与国土空间规划体系相适应

交通基础设施的网络化特征，使得交通项目与生态保护红线、永久基本农田之间的矛盾尤为突出。铁路、公路等线性工程侵山、割水、占田、盘林等问题十分常见。国土空间规划既要保障生态空间和农业空间的完整性，又要保障交通网络的联通性，使两者保持协同。

在新的国土空间规划背景下区域交通规划的开展应加强与发改、住建、环保、交通等相关部门的沟通协调，结合空间规划制定的"三区三线"空间管控深度和要求，通过叠加生态环境保护红线图层、基本农田保护红线图层、城镇发展边界图层等，开展交通基础设施与"三区三线"的关系核查与协调，最终将城市群中各城市之间的通廊纳入国土空间规划的一张蓝图中。

在管控方面，需要协调好交通与"三区三线"的空间关系，即处理好道路红线与生态保护红线、永久基本农田、城镇开发边界之间的关系；科学考虑交通场站、道路建设对城镇区、农业区、生态区的影响。可以建立评价体系评估交通建设对生态环境的影响，保证交通对生态空间的低冲击性的同时，通过集约化、快速化的轨道交通系统、大容量公交等交通设施的布局，支撑城镇空间的高效组织。交通规划的保护逻辑分为被动保护和主动保护两个方面。被动保护体现为交通的主动避让，国土空间规划中生态保护红线、永久基本农田红线和城镇开发边界在内的"三线"属于刚性管控。"三线"划定的出发点是落实包括生态、粮食安全等在内的国家安全战略，交通设施在规划中通过空间协调、正面清单等形式实现主动避让。同时，"三线"划定是将可调整的控制边界进行适当微调，以确保交通廊道及周边功能性用地的连续性。

5.3.2 利用轨道交通线路引导空间功能协同

目前，区域交通特征从传统的低频次、长距离、点到点的城际交通，向高频次、短距离、走廊化的都市圈交通转变。尤其是发达城市群地区，大量通勤出行跨行政区划组织，城市交通区域化态势十分显著。

交通规划需要兼顾发展和管控两个层面。尤其在发展方面，需提升交通规划对空间格局的优化能力，发挥交通枢纽增长极和交通干线增长轴带的作用，以交通网络带动若干相连城市的发展，促进多中心网络化的空间结构的形成。

大都市圈中的城际交通是支撑区域发展的重要网络，沿线开发需要与区域的功能相耦合。由于交通规划对用地的集约作用主要体现在引导高强度用地向轨道站点周边集中。应保证轨道交通站点覆盖到大部分人口，在建设强度分区中充分考虑轨道交通站点的作用，促进土地适度高强度发展；以轨道交通站点为中心，形成沿轨道交通的职住平衡，引导就业岗位均衡布局；重点增加外围城区轨道交通站点周边地区居住用地供应。明确轨道选线、站点选址与站点综合开发类型，从区域功能优化角度分级分类提出站点综合开发目标及用地布局策略，对各站点综合开发建设提出指引。

下篇

第6章 市郊铁路站点的开发规划策划路径

第7章 市郊铁路站点的综合交通解决方案

第8章 市郊铁路站点的一体化开发方案设计

第 6 章

市郊铁路站点的开发规划策划路径

开展市郊铁路沿线站点层面在服务通勤圈的研究,是发挥利用既有铁路改建市郊铁路服务通勤圈优势、解决制约因素的重要对象。本书以绍兴城际线柯桥站为具体案例,结合在具体研究工作开展中所遇到的问题及解决过程,介绍在站点层面开展研究的相关路径,包括站点开发规划策划路径研究、站点综合交通解决方案研究以及站点一体化开发研究。本章将首先从站点开发规划策划路径展开分析。

6.1 一体化开发目标的确立

6.1.1 柯桥站基本概况

柯桥站是绍兴轨道交通城际线二期工程的9个站点之一,是绍兴市柯桥区与周边区域,特别是绍兴主城区、宁波和杭州协同发展的重要抓手。柯桥站周边的一体化开发规模为5.63hm^2,是柯桥城市产业升级、交通完善、城市功能提升的战略性土地资源(图6-1)。

6.1.2 绍兴城际线概况

绍兴轨道交通城际线为既有萧甬铁路改造而成的市域铁路。其先行段绍兴、上虞、钱清三座既有站经改造后于2018年9月先行开通,实现了绍兴三区之间的轨道交通贯通。2020年7月1日,绍兴城际铁路接入杭州南站,首次实现与杭州主城区的联通。2020年8月,《柯桥区综合交通专项规划》发布,提出"力推城际线接入杭州城站或杭州东站"。

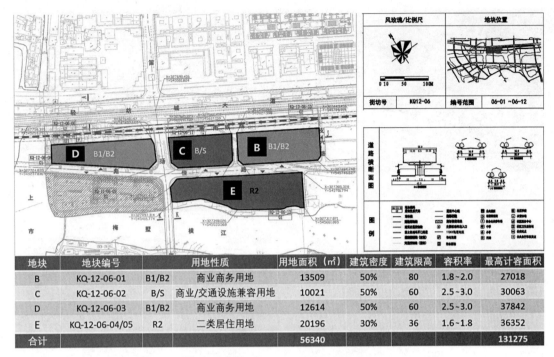

图6-1 柯桥站站前一体化地块原控规指标

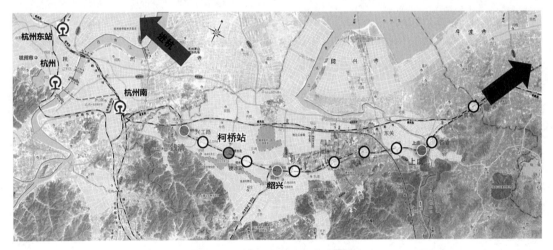

图6-2 绍兴轨道交通城际线线路走向

绍兴城际铁路的开通与运营,成为联通绍兴各组团及杭州、宁波之间高速度、大容量、公交化的轨道交通的新脉络(图6-2)。

在区域经济地理格局中,绍兴市地处长三角一体化杭州湾南岸经济发展轴,是杭州宁波经济发展轴上面重要的节点城市。随着"杭绍甬一体化"的发展,以及区域公共交通网

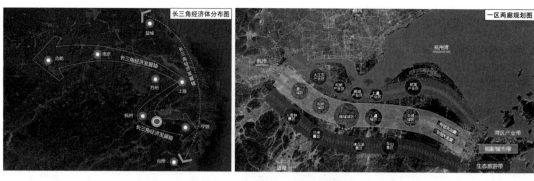

图6-3 绍兴市所处区域经济地理格局

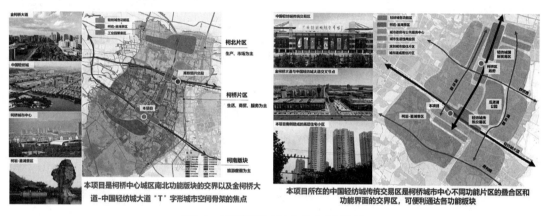

图6-4 柯桥站周边城市与产业空间格局

络的不断完善，绍兴市与杭州市同城化进程由"松散合作"向"紧密同城"转变，柯桥—萧山—诸暨跨市际板块成为杭绍一体化中的先导板块（图6-3）。

在片区城市空间结构中，柯桥站位于柯桥中心城区南北两大功能板块的交界处，柯桥站以北区域为柯桥传统商贸居住综合片区，以南为柯桥主要旅游景区。在片区交通网络格局中，柯桥站处于南北向金柯桥大道和东西向中国轻纺城大道T字形城市骨干交通线路的交点。在区域产业空间格局中，柯桥站属于绍兴轻纺城传统交易区范围（图6-4）。

6.1.3 站点周边建设情况

柯桥站北侧是绍兴轻纺城传统交易区。绍兴轻纺城，始建于1988年10月，是亚洲规模最大、成交额最高、经营品种最多的纺织品专业批发市场。柯桥站则是联系南北、服务区域产业功能的重要节点。

绍兴轻纺城因开发建设较早,现状地块基本全部建设完成,功能业态以各类专业批发市场为主且沿轻纺城大道一字排开。轻纺城南侧存在部分待建地块,现有建筑以住宅为主;东侧为新建轻纺城交易区南区,未来规划绍兴市轨道交通8号线,紧邻南北向金柯桥大道,交通条件便利(图6-5)。然而,由于轻纺城大道以及城际线轨道均为地上高架,使得柯桥站南北城市割裂严重(图6-6),如何缝合城市,连接北侧交易区及东侧轨道交通8号线,也成为我们在开展柯桥站片区规划时的重要议题之一。

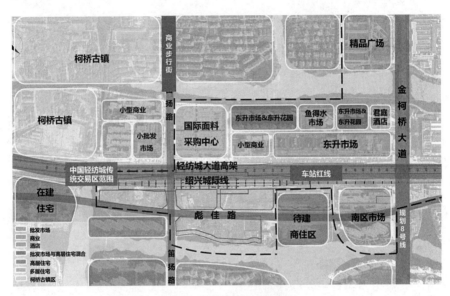

图6-5 柯桥站周边建设情况

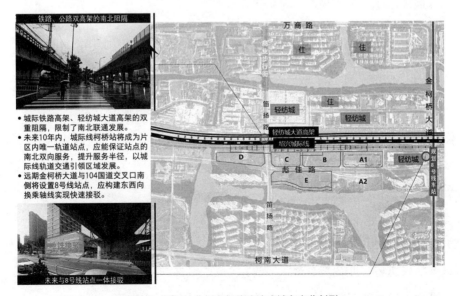

图6-6 柯桥站北侧高架线路造成城市南北割裂

6.1.4 配套资源概况

在具体分析过程中,我们发现受线路割裂以及城市产业发展,尤其轻纺城的作用,柯桥站南北两侧生产、生活、景观等相关资源分布差异明显。北侧餐饮等生活配套设施在规模、密度、品质等方面明显高于南侧(图6-7)。同时,柯桥站南侧分布有东方山水乐园、湖塘老街、乔波冰雪世界等柯桥多个景区,柯桥站需承担柯桥区域旅游集散的作用(图6-8)。

6.1.5 一体化开发目标的确认

在对柯桥站周边基本情况进行分析后,我们决定对柯桥站站前地块实施一体化开发策略,以服务于轻纺城产业升级迭代和构建柯桥大旅游圈,满足周边社区生活需求,提高枢纽综合换乘效率,形成经济、可行的实施方案,进而提升柯桥城市空间品质与城市形象。

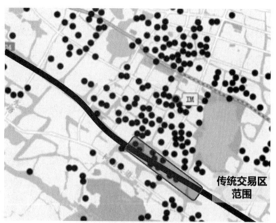

城际线南北两侧餐饮设施分布

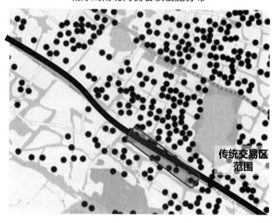

图6-7 柯桥站南北两侧餐饮等生活配套设施分布情况

6.2 不同视角下的一体化开发需求

6.2.1 产业发展视角

1. 轻纺城产业发展困境

绍兴国际轻纺城是亚洲规模最大、成交额最高、经营品种最多的纺织品专业批发市

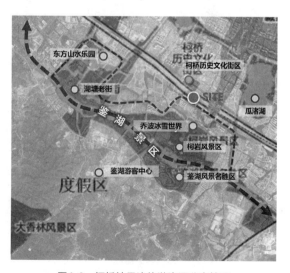

图6-8 柯桥站周边旅游资源分布情况

场，自20世纪80年代开始历经的近40年发展，成为柯桥区核心主导产业之一（图6-9）。然而，随着信息技术进步，轻纺城以现金、现货、现场"三现"交易为特征的传统商贸产业发展面临巨大挑战（图6-10）：

（1）市场空间需求减少：受现代电子商务的影响，轻纺城传统"三现"交易模式难以为继，直接导致各交易主体对市场实体空间的需求不断减少；

（2）租金收益下滑：受整体市场空间需求下降影响，非核心区商铺空置率逐渐上升，市场整体租金收益呈连年下滑状态；

（3）产业外迁加速：在全球产业链和供应链体系调整大背景下，纺织产业呈现向南亚、东南亚国家转移趋势，对轻纺城现有产业结构造成一定冲击。

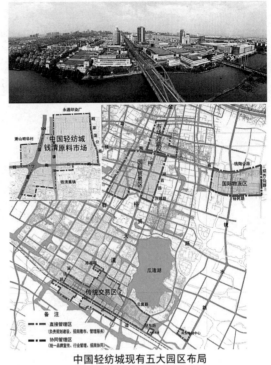

图6-9　绍兴国际轻纺城的产业区空间分布

挑战一

电子商务冲击，分流传统现场、现货、现金交易份额，减低了本地市场空间需求

截至2015年10月底，"网上轻纺城"日均访问量230万次，注册会员达205万个。截至2019年轻纺城网上市场实现交易额526.59亿元，同比增长25.26%，占到轻纺城总交易额的25%以上，是市场群增长率的2倍。

挑战二

非核心位置商铺空置率上升，局部位置商铺租金下滑、租金收益不稳定，租金收益呈现下滑

至2018年底轻纺城有个体经营户18308家，至2020年个体经营户12718家，导致2015—2019年市场总体租赁收益增长率逐渐降低，2018年以来商铺租赁收益呈现下降趋势、仓库租赁收益缓慢增长。

挑战三

纺织行业经历全球产业转移、国际贸易景气程度下降和不确定性增强

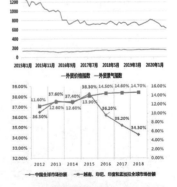

2015年以来我国纺织行业外贸景气指数呈显著下降趋势，2020年初仅用2015年初的40%，纺织品外贸份额损失被东南亚、南亚国家填补。

图6-10　绍兴国际轻纺城面临的三大挑战

2. 传统交易区发展困境

在轻纺城整体产业发展困境之下，传统交易区在40多年的发展过程中对区域经济社会发展做出巨大贡献，然而作为绍兴国际轻纺城的最早建设区域，由于建成年代较早，除面临同样的产业发展困境之外，其自身也面临多方面的困境：

（1）服务水平与层次有待提升。轻纺城传统交易区范围内，服务设施总量缺口较大。据统计，传统交易区总建筑面积约196万m^2，其中批发市场建筑规模约140万m^2，占比超过85%，而配套商业、办公、酒店、展示等设施约25万m^2，占比不到15%。同时，既有配套设施服务质量不高、布局较为分散，尤其是各设施点位间距超出步行适宜范围，无法满足专业市场人员需求。

（2）配套分布不均衡。统计2000年以来尤其2010年以后传统交易区新建配套设施，主要沿金柯桥大道由南向北分布，与传统交易区距离较远。同时，传统交易区内酒店、餐饮等配套设施，因建成时间较久，等级较低，无法满足高等级配套需求（图6-11）。

（3）建筑品质有待提升。受限于建成年代较早，传统交易区内城市规划水平不高。区

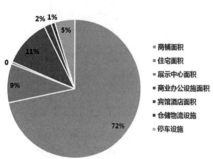

传统交易区内各类设施配置规模比例

传统交易区内非市场类设施布局

区域商业购物设施分布

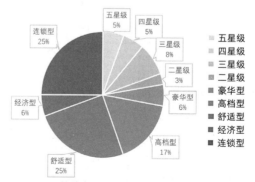

传统交易区内外酒店等级统计

图6-11 影响绍兴国际轻纺城传统交易区升级的因素

内建成空间以典型批发市场为主,缺乏标志性建筑。同时,区内以大体量建筑为主,人车混流,交通组织混杂。建筑内部,以传统小型铺面式格局为主,空间狭小,环境杂乱,体验不佳。

(4)交通优势逐渐流失。在20世纪80至90年代轻纺城起步发展阶段,由于小汽车、高速公路等路面交通的不完善,原萧甬铁路成为支撑轻纺城发展最为重要的对外交通工具。进入新世纪,随着高速公路、航空尤其是高铁的开通,自外地进入轻纺城客流基本选择北侧绍兴北高铁站及萧山机场转高速公路抵达。南侧萧甬铁路柯桥站的客流导入功能逐渐丧失优势。同时,由于区域内货运交通高峰在每日15—17时,与客流交通交叉,占用大量道路资源,直接造成柯桥站周边及传统交易区沿金柯桥大道常年交通拥堵,进一步加剧了柯桥站周边通过路面交通导入的不便利性(图6-12)。柯桥站周边的交通区位,逐渐由原来的交通枢纽成为目前的交通孤岛,交通优势不再(表6-1)。

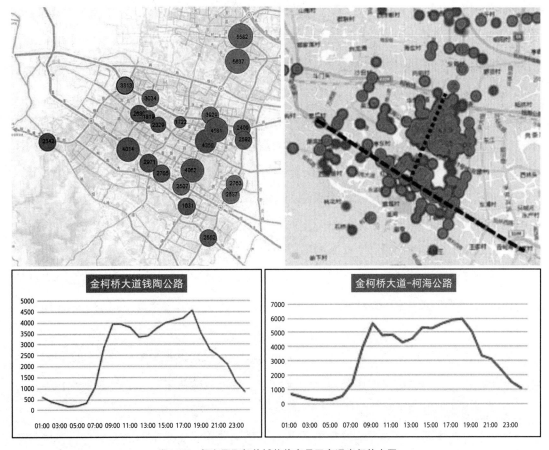

图6-12 绍兴国际轻纺城传统交易区交通出行热力图

绍兴国际轻纺城传统交易区交通导入方式情况对比　　　　表6-1

出发地	距离	驾车	公共交通
杭州萧山机场	20km	1h	无直达，约3h
杭州南站	22km	1h	无直达，约3h
钱清城际站	10km	25min	直达，约50min
绍兴火车站	10km	25min	直达，约50min
绍兴北站	6.5km	30min	直达，约50min
绍兴公路客运西站	10km	30min	直达，约50min
柯桥客运中心	5km	30min	直达，约75min

3．专业商贸市场升级的案例参考

面对绍兴轻纺城的产业发展与传统交易区发展困境，与全国同类型商贸主导型城市相比存在一定的普遍性，如产业结构、产业增长模式等面临产业升级及国际外迁挑战。同时，也具有其自己的独特性，如轻纺城以B2B端为主的经营模式等也对轻纺城的产业转型升级道路提出特殊要求。国内同类型市场的转型升级道路对绍兴轻纺城提供了一定的借鉴作用。

（1）义乌小商品市场

义乌是全球最大的小商品集散中心，被联合国、世界银行等国际权威机构确定为世界第一大市场。历经40多年发展，先后经历四次搬迁八次扩建，现拥有营业面积550多万m^2，商铺数量7.5万余户，从业人员20多万，年直接交易额超过650亿元，日客流量20多万人次。义乌从"世界超市"不断提升自身在全球领域产业地位，取得全球小商品贸易定价、定标话语权，实现由商品输出到标准输出与规则输出的飞跃。

分析义乌小商品市场产业升级之路，可总结为三大策略：

第一，经营模式的转变：由国内贸易转变为国际贸易，由传统贸易向以商品展示、洽谈、接单和电子商务为主的现代化经营方式转变，创新多种销售模式，打造"永不落幕的博览会"；

第二，经营业态的丰富：基于经营模式的转变，义乌积极丰富服务业态，融合餐饮住宿、休闲娱乐、金融通信、电子商务、会议会展、物流运输等于一体的商旅贸易综合体，打造4A级旅游购物景区；

第三，经营手段的提升：随着经营模式与业态的转变，义乌围绕商贸主业，不断扩大商贸设施建设规模，持续更新硬件条件，以现代化、智能化、科技化为指引，先后建设了国际流通中心、信息中心以及研发中心，不断提升义乌商贸产业竞争力。

（2）广州国际红棉时装城

广州国际红棉时装城位于广州火车站对面，营业面积约6万m²，经营商户1800余家，为单体式专业批发市场，是"全国十大服装专业市场"之一。2007年以来，红棉市场通过一系列的转型升级措施，探索出了服装专业市场领域转型升级的"红棉模式"。

首先，打造品牌孵化器。红棉时装城着重以设计作为驱动产业转型升级，经过多年发展，当前服装城品牌自助率达到80%，吸引1500多家服装品牌商户及600多位设计师，成为全国最大的服装设计师集聚地。

其次，引入时尚概念。打造红棉国际时尚艺术中心和潮流发布中心，每年共计举办近百场时装展示、新品发布、行业研讨会、座谈会等时尚活动，吸引超过10万人参与，进一步强化品牌建设。

再次，接轨国际市场。联手意大利、法国、韩国等时尚品牌、设计师、行业机构以及贸易协会等相关国际资源，在潮流趋势、平台打造、渠道互通等方面实现与国际市场的同步。

最后，创新商贸模式。创立互联网时尚品牌，并进一步在线上和线下搭建国外设计师品牌订货会、国际买手采购平台等，进一步扩大市场辐射范围。

通过义乌、广州市场的升级路径可发现，传统批发市场的转型升级存在两条路径。首先，从工业原料、半成品市场向终端消费市场或原料与消费混合市场转变；其次，从贸易为主向设计、研发、创意、咨询、展示等产业链的上游环节转变。因此，轻纺城面临当前发展困境时，应结合纺织品产业特性，转变传统"三现"发展模式，抓住交通升级机遇，实现交通流量与客群流量的相互促进，以提升体验作为市场空间优化方向，向以体验、流量、服务为先导的方向发展（图6-13）。

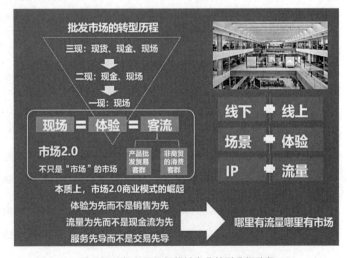

图6-13　绍兴国际轻纺城产业转型升级路径

4. 交通发展与产业升级的关系

其实，绍兴国际轻纺城在40多年的发展过程中，同样也在不断探索符合自身发展特色与需求的产业升级之路。其中交通方式的改变与升级，对轻纺城产业转型升级起到支撑作用。

在20世纪八九十年代，104国道以及萧甬铁路对传统交易区现金、现货、现场的"三现"发展模式提供了主要的交通支撑，商贸发展主要集中于柯桥站站点北侧，并成为当前的传统交易区。2000年以后，随着中国加入WTO，在高速公路网络、信息技术提升的支撑下，轻纺城交易规模不断增长并进入国际市场，因此在传统交易区北部，出现了以商务办公、会展等为载体的中部国际贸易区，轻纺城交易模式逐渐向"现金、现场"为特征的现代国际商贸转变。2010年之后，随着中国高速铁路以及航空网络的不断完善，区域交通可达性得到极大提升。同时，随着电子商务技术的发展，轻纺城交易模式向以现场为主的会展经济方向升级，形成服务经济、体验经济以及消费经济（图6-14）。

伴随着轻纺城三次发展模式的转变，塑造了绍兴国际轻纺城区域当前的城市空间格局，这背后更是体现了交通方式的发展与进步对轻纺城产业转型升级的重要支撑作用。

5. 柯桥站一体化开发对传统交易区的促进作用

通过大数据分析，经过40多年发展，传统交易区仍是整个柯桥区、绍兴中心城区最为繁忙、人流量最大的区域，其仍然承载着绍兴国际轻纺城商贸业务的核心，是日常商贸客流最为集中的区域。在商贸交易模式从"三现"向"一现"的转变以及服务、体验、消费业态在现代商贸模式中作用不断提升的产业升级趋势下，由萧甬铁路改造而成的绍兴轨道交通城际柯桥站的重新建设，极大地改善了传统交易区的外部交通导入条件（图6-15）。同时，柯桥站的一体化开发建设，也将极大地扭转传统交易区在内配套设施的不足局面，成为助力传统交易区产业转型升级的新增长极。

6. 产业升级视角下的柯桥站一体化开发业态与规模需求

2021年《中国轻纺城发展"十四五"规划》发布，要求加快推进中国轻纺城转型升级，全力打造"交易环境一流、开放水平一流、智慧应用一流、时尚氛围一流、文化融合一流"的新时期国际纺织之都，其中更是明确要求优化商贸服务设施配套，完善纺织产业链功能，改善市场环境面貌。因此，柯桥站一体化开发应当秉承发展规划需求，建设业态应满足传统交易产业转型升级需求，补齐片区发展短板，重点发展办公、会展、商业、会议、休闲、娱乐等符合现代商贸交易模式的相关业态（图6-16）。

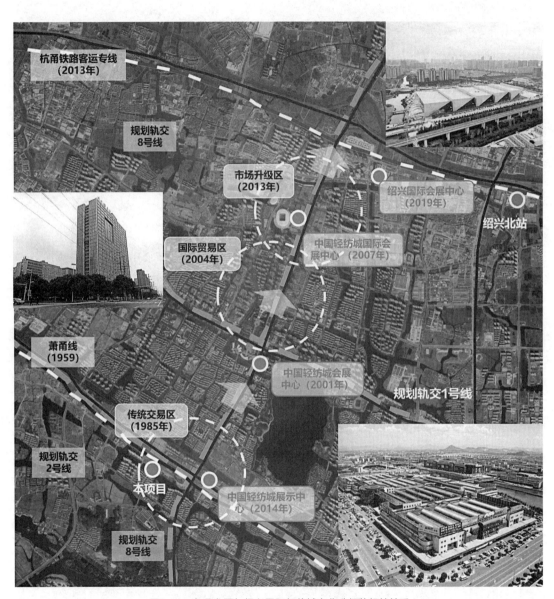

图6-14 交通发展与绍兴国际轻纺城产业升级的相关关系

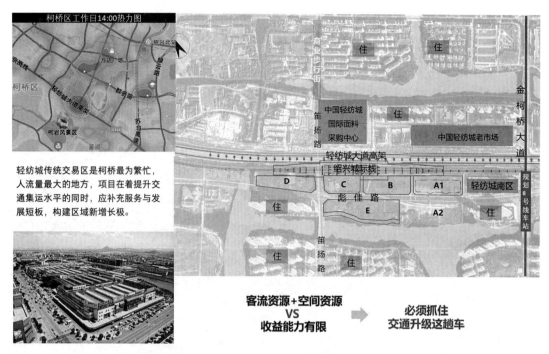

图6-15 柯桥站一体化开发建设促进传统交易区转型升级

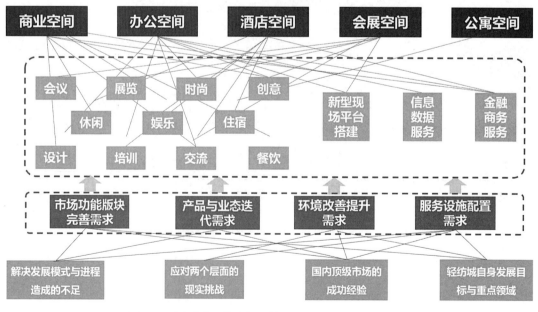

图6-16 传统交易区转型升级对柯桥站一体化开发的业态需求

通过对比义乌国际商贸城相关配套设施规模比例，结合传统交易区现状，柯桥站一体化开发建设应开发建设办公、商业、酒店等各类业态3.5万～6万m²（图6-17，表6-2）。

轻纺城传统交易区转型升级的业态配置需求测算

■ 测算原则

(1) 进一步降低传统交易区的批发商铺商场业态比例、提升其他各类经营性业态比例、提升商贸服务业的附加值。
(2) 以义乌国际商贸城各区业态配置均值、峰谷值及四区业态配置为参照依据和优化区间。
(3) 保持传统交易区的商铺商贸业态的建筑面积不变，并作为测算基准。

	商铺商场	商务服务配套与综合办公	游乐游服	会议会展	酒店宾馆	物流配送	停车设施
轻纺城传统交易区业态建筑面积配比现状	78.7%	12.36%	0.00%	0.6%	2.0%	1.1%	5.3%
义乌国际商贸城选取的参照值	65%~75%	14%~14.5%	1%~2.5%	1%~7%	1%~5%	2.5%~6.5%	2%~6%
优化区间	-15%~-5%	1.6%~2.1%	<2.5%	0.5%~-6.5%	<3%	1.5%~-5.5%	<0.7%

■ 测算结果

		商业	商务办公	会展会议	酒店宾馆	配套服务	游乐游服	物流配送	停车设施	合计
建筑面积（万m²）	低值	0.5	2.0	0.5	0.5	0.2	2.5	0.1	0.2	3.0
	高值	2.0	3.0	6.5	4.0	0.8	4.5	1.0	1.5	9.0

建议利用轻纺城现有空置资源解决　　建议不在本项目配置

图6-17　柯桥站一体化开发建设各业态规模参照对比

传统交易区转型升级需求下的柯桥站一体化开发建设各业态规模　　表6-2

建筑业态	办公类		宾馆类	商业类	
	总部办公	文创办公	酒店宾馆	零售	餐饮
建筑面积（万m²）	1.0~1.5	1.0~1.5	1.0~1.5	0.2~0.5	0.3~1.0
建筑面积总计（万m²）	2.0~3.0		1.0~1.5	0.5~1.5	

6.2.2 片区生活需求视角

柯桥站的改造建设，同样承担着对片区生活社区的服务功能。根据《鉴湖柯岩旅游度假区发展规划》，柯桥站是片区综合商业中心，15分钟步行圈范围共覆盖阮山、独山等6个社区，覆盖规划人口规模约9.1万人（图6-18）。根据《城市居住区规划设计标准》

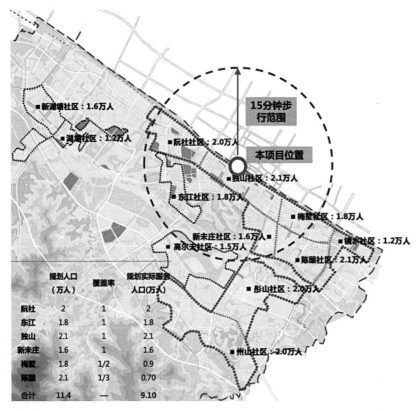

图6-18 柯桥站15分钟步行圈服务社区及人口规模

GB 50180—2018，柯桥站一体化开发区域需配套建设生活性商业设施1.9万~4万m²以及社区公共服务配套设施0.05万~1.55万m²。综合两类设施业态整合及规模需求，柯桥站一体化开发建设区域共需配套各类生活服务设施规模1.3万~4.5万m²（表6-3）。

柯南生活片区视角下的柯桥站一体化开发建设各业态规模　　　　表6-3

建筑业态	集中商业			社区文化与娱乐设施		体育设施		其他公共服务设施（如社区诊所）
	零售	生鲜	餐饮	社区活动中心	其他设施	室外	室内	
建筑面积（万m²）	1.0~1.5	0.5~1.0	0.5~1.0	0.05~0.5	0.05~0.1	—	0.2~0.3	0.03~0.05
建筑面积合计（万m²）	1.0~3.5			0.1~0.6		0.2~0.3		

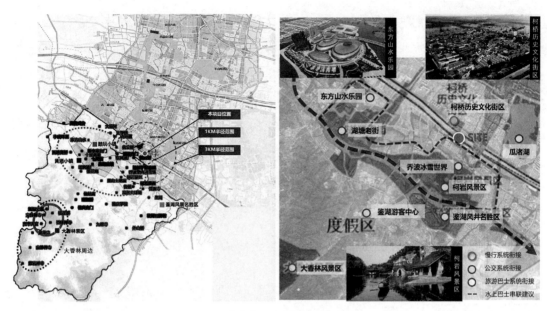

图6-19 柯桥站周边旅游资源分布情况

6.2.3 旅游发展视角

在《鉴湖—柯岩旅游度假区发展规划研究》中，柯桥站位于旅游度假区北侧，并被定位为旅游度假区次入口、片区经综合性旅游服务中心（图6-19）。根据规划，2022年度假区游客流量达到600万人次/年，至2030年将达到300万人次/年，平均日旅游度假人数2.4万人/天，周末3.6万人/天，节假日高峰时段为12万～15万人/天。作为片区内唯一的对外轨道交通线路，柯桥站需根据周边景点特征，建立包含慢行、公交、水路等不同交通方式的交通综合服务枢纽及旅游服务中心。

在经过对现有景点相关配套设施的实地调研之后，根据未来游客规模及《风景名胜区详细规划标准》GB/T 51294—2018等相关规划标准，我们测算柯桥站一体化开发建设区域需配套建设旅游类相关服务设施规模0.6～1.75万m^2，包括游客中心、宾馆酒店、室内游乐设施、旅游产品销售等业态（表6-4）。

柯南旅游圈视角下的柯桥站一体化开发建设各业态规模　　表6-4

建筑业态	游客中心	酒店宾馆	室内游乐设施	旅游产品销售（旅游商业）
建筑面积（万m^2）	0.02～0.05	0.5～1.5	0.05～0.1	0.05～0.1

6.2.4 枢纽换乘需求视角

根据《柯桥区综合交通专项规划》，绍兴轨道交通城际线柯桥站将是未来至少10年内唯一的对外轨道交通线路。它发挥着西接杭州东联宁波的重要作用，尤其在杭绍一体化的进程之下，柯桥站承担着更多的"连杭"作用（图6-20）。据测算，2020年杭绍间日双向客流已达30万，工作在杭州居住在绍兴，成为越来越多人的选择。与此同时，柯桥站也承担着服务北侧轻纺城、南侧旅游度假区及周边居民的商务、通勤、旅游等轨道交通对外出行需求的任务。

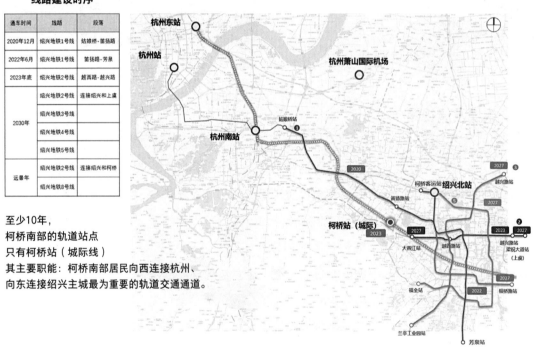

图6-20 区域轨道交通建设时序

6.3 一体化开发规划的定位与功能配置

通过轻纺城产业升级、柯南生活片区打造、柯南旅游圈功能完善以及枢纽换乘需求的分析，柯桥站一体化开发建设应同时满足以上四个不同视角的功能需求，成为集产业、文旅、公服配套、综合枢纽功能于一体的一站式生活目的地，服务周边居民、通勤客流、轻纺城商贸客流以及旅游度假客流（图6-21）。

周边居民	上班族	轻纺城客商	游客
生活配套 生态环境 步行友好 ……	办公品质 办公环境 通勤便捷度 ……	交通准时 食宿方便 导引清晰 ……	景区衔接 换乘导引 周边食玩 ……

图6-21　柯桥站服务客群及需求

　　进一步对不同客流的功能需求进行整合，柯桥站一体化开发建设区域包含产业服务类、文旅需求类以及生活服务类共三大主要功能业态，建筑规模5.75～9.55万m²（表6-5）。

综合视角下的柯桥站一体化开发建设各业态规模　　表6-5

建筑业态		产业发展		文旅需求		生活服务		合计
		办公	会展	酒店	文旅休闲	商业	公共服务	
建筑面积 （万m²）	低值	2.0	0	1.5	0.15	1.55	0.03	5.75
	高值	3.0	6.5	3.0	0.75	5.0	0.05	9.55

　　结合站前地块情况，站前C地块作为综合交通枢纽功能，整合服务旅游、商务及周边居民的商业、酒店、旅游功能业态，形成交通与商业双中心。B地块结合未来东侧规划轨道交通8号线，布局以服务轻纺城产业转型升级的商务办公功能。D、E地块主要以居住配套满足未来杭绍跨城通勤客群。根据功能布局，对原控制性详细规划进行微调（图6-22、图6-23）。

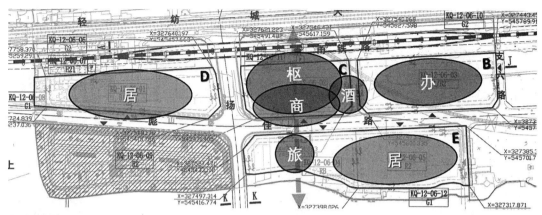

综合枢纽
- 枢纽中心结合车站布置于C地块，满足综合换乘接驳需求。

商业配套
- 轻纺城商业需求：0.5万~1.5万，居住片区需求缺口：1.0万~3.5万，二者需求整合，共设置生活服务功能约2万~2.5万㎡。
- 宜集中布置，商业中心与枢纽中心双心耦合。

品质居住
- 杭绍衔接的O点，轻纺城片区，设置居住复合人群需求。
- 居住产品差异化配置。

文旅酒店
- 酒店满足文旅与商务基本需求，规模约2.0万㎡。
- 枢纽轴线南沿，结合滨水空间设文旅中心，兼具展示、码头、售票、售卖等功能，打造区域文旅门户。
- 保证商务酒店与枢纽的密切联系。

商务办公
- 优化办公规模，打造精品商务产品。
- 办公西接城际线，东连规划地铁，紧邻轻纺城南区，是对轻纺城产业功能的有效完善提升。

图6-22　柯桥站站前一体化开发功能布局

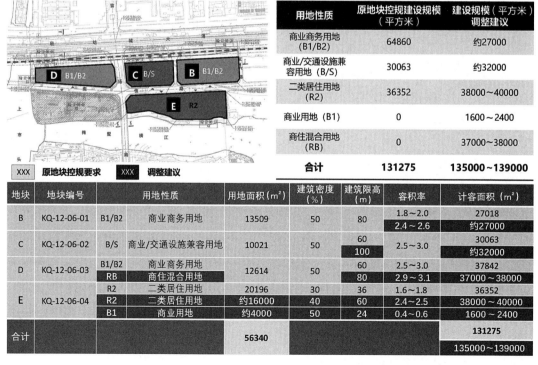

用地性质	原地块控规建设规模（平方米）	建设规模（平方米）调整建议
商业商务用地（B1/B2）	64860	约27000
商业/交通设施兼容用地（B/S）	30063	约32000
二类居住用地（R2）	36352	38000~40000
商业用地（B1）	0	1600~2400
商住混合用地（RB）	0	37000~38000
合计	131275	135000~139000

地块	地块编号		用地性质	用地面积（㎡）	建筑密度（%）	建筑限高（m）	容积率	计容面积（㎡）
B	KQ-12-06-01	B1/B2	商业商务用地	13509	50	80	1.8~2.0	27018
							2.4~2.6	约27000
C	KQ-12-06-02	B/S	商业/交通设施兼容用地	10021	50	60		30063
						100	2.5~3.0	约32000
D	KQ-12-06-03	B1/B2	商业商务用地	12614	50	60	2.5~3.0	37842
		RB	商住混合用地			80	2.9~3.1	37000~38000
E	KQ-12-06-04	R2	二类居住用地	20196	30	36	1.6~1.8	36352
		R2	二类居住用地	约16000	40	60	2.4~2.5	38000~40000
		B1	商业用地	约4000	50	24	0.4~0.6	1600~2400
合计				56340				131275
								135000~139000

图6-23　柯桥站站前一体化地块调整后的控制性详细规划指标

第 7 章

市郊铁路站点的综合交通解决方案

一体化开发目标与任务的确定,是引导站点综合交通服务的前提。本章节将继续以绍兴城际线柯桥站为具体案例,对站点层面综合交通解决方案的主要内容与实现途径进行分析,包括交通现状调研与分析、交通需求与预测以及交通解决策略。

7.1 调研站点交通现状与分析路径

7.1.1 线网情况

根据《长江三角洲区域一体化发展规划纲要》(2019年)、《杭绍甬一体化发展绍兴行动计划(2018—2020年)》、《杭绍甬一体化发展实施方案》等系列上位规划,绍兴轨道交通城际线柯桥站,更多是发挥"连杭"作用(图7-1)。

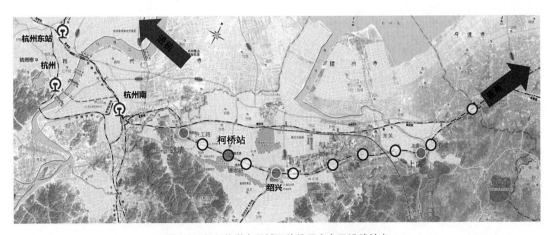

图7-1 绍兴轨道交通城际线线网走向及沿线站点

因此，为进一步发挥绍兴城际线推动"杭绍一体化"及服务杭绍两地30万日均客流的作用，交通需求以连接杭州东站为基准，以接入杭州城站为目标开展预测。

7.1.2 客流类型分析

杭州与绍兴之间两地轨道联络通道主要有地铁、高铁和绍兴城际线三种。进一步细分客群出行目的，包括通勤客流、商务客流以及旅游客流三类，需针对各类客群开展具体的测算与分析。

1. 通勤客流

服务通勤是市郊铁路的核心功能之一。在柯桥站中，通勤客流是指居住在绍兴，工作在杭州的周期性往返客流。研究过程中，我们对通勤客流的OD进行了定位，其中D点即工作地选择在杭州中心商业区的市民中心站，这里是杭州市工作岗位较为集中区域，O点选择距离柯桥站10min骑、步行范围内的南部住区（图7-2）。

分别分析通勤客流在选择地铁、高铁与城际线三种不同轨道交通方式来往于OD两点之间的时间及客票花费情况，如图7-3所示，城际线单程用时最短，月花费仅比地铁高出8.3%，但通勤时间节约了约34.9%。相较于高铁，城际线全面占优。这对于追求高效、便捷、准时的通勤客流具有重大的吸引力（图7-3）。

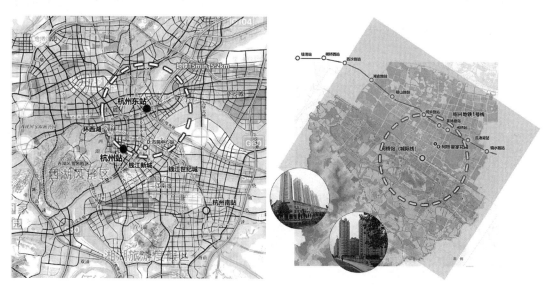

图7-2 通勤客流OD点选择

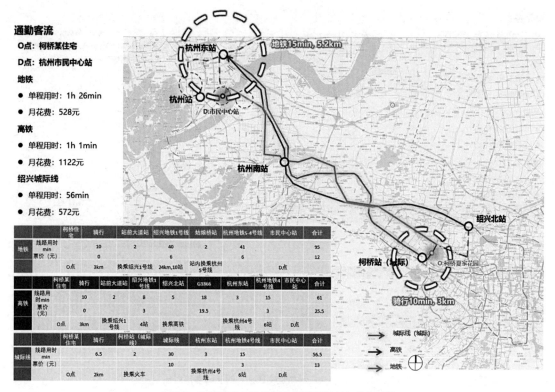

图7-3 通勤客流三种轨道交通出行时长与费用对比

2. 商务客流

柯桥站商务客流特指自外地至杭州再中转至绍兴、以轻纺城等为目的地的外地商贸客流。根据外地客流交通出行特征,选择对外高速铁路网络联系密切的杭州东站作为O点,以轻纺城作为D点进行三种轨道交通方式的对比(图7-4)。

根据分析,相较于地铁、高铁,城际线在单程用时及单程票价两个方面均存在显著优势。

3. 旅游客流

以柯桥站周边旅游圈为D点,以杭州东站作为外地客流导入O点。由于没有直达的地铁线路,绍兴城际线在单程用时以及单程票价两个方面同样显著优于高铁。因此,围绕柯桥站布局旅游服务设施,对优化柯岩旅游度假区外部交通导入条件以及促进片区旅游产业发展具有重要意义(图7-5)。

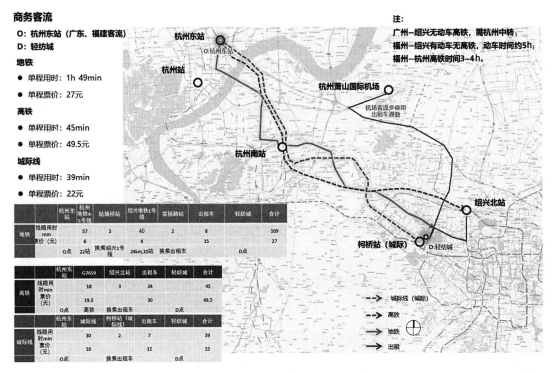

图7-4 商务客流三种轨道交通出行时长与费用对比

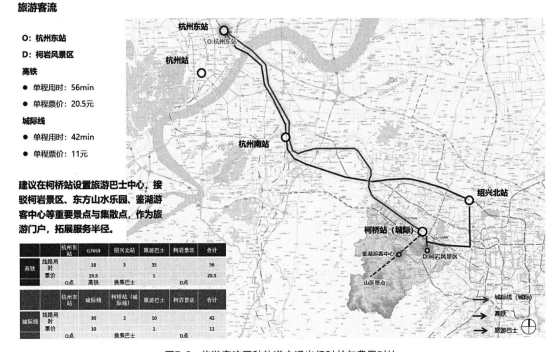

图7-5 旅游客流两种轨道交通出行时长与费用对比

4. 客流总结

绍兴城际线柯桥站是柯桥片区未来10年左右西向连接杭州、东向连接绍兴老城的唯一轨道交通通道。对通勤、商务以及旅游客流来说，绍兴城际线在单程用时、票价花费方面均存在明显优势，柯桥站在短期内将成为带动柯桥片区产业转型升级、人员对外交流的重要引擎（图7-6）。

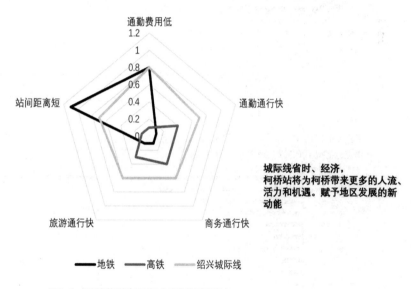

图7-6　三种轨道交通方式出行特征对比

7.1.3　客群出行特征调研

为进一步掌握区域客流出行需求与特征，我们在研究过程中针对通勤、商务、旅游等不同出行目的客群在柯桥站、高铁绍兴北站、轻纺城以及周边住区各发放调研问卷约200份，具体分析如下。

1. 出行目的特征

在问卷分析中，乘坐高铁出行目的的前三位分别为转车、回家及公务出差，体现出高铁对远距离出行明显的吸引力。城际线乘客出行目的前三则为回家、探亲、公务出差，整体以短距离出行为主要目的，然而作为日常通勤的较少，且出行高峰主要在早上8点左右，晚高峰并不明确，但乘客总量也较大，体现出城际线在区域社会关系维系中的重要作用（图7-7）。

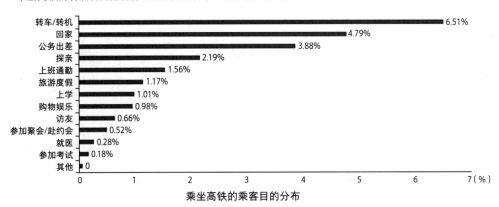

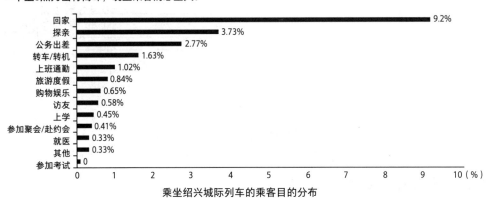

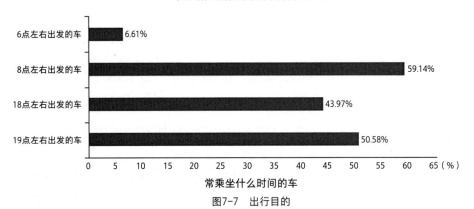

图7-7　出行目的

2. 职业与收入特征

选择高铁或城际线出行客群的职业特征与出行目的有着较为明显的对应关系。高铁出行人员职业分布中企事业单位职员、公务员等占比较高。城际线客群出行人员中大专院校学生、离退休人员等占比较高，且整体收入水平结构也明显低于高铁客群（图7-8）。

3. 进出站换乘特征

高铁、城际线旅客进出站交通方式差异较为明显。

由于高铁站相对城市中心区距离较远，在到站交通方式选择上，基本以出租车、网约车与公交车为主，基本以路面交通为主。在出站方式选择上，高铁客群超过半数选择乘坐地铁，且出行目的地以距离40～60min为主，而出行目的地在距离20～40min的则更多选

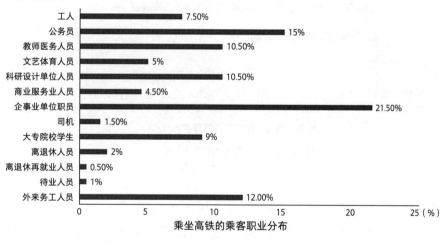

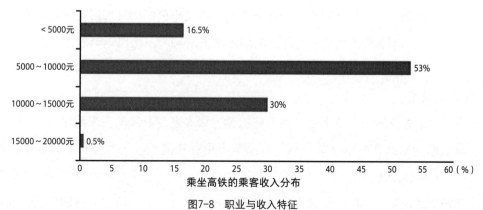

图7-8 职业与收入特征

绍兴城际线
- 乘客多为离退休人员和大专院校学生。
- 城际乘客的收入比绍兴北站的乘客收入低。
- 有工作的乘客趋向于早上乘坐,其余待业人员、学生等趋向于晚上乘坐。

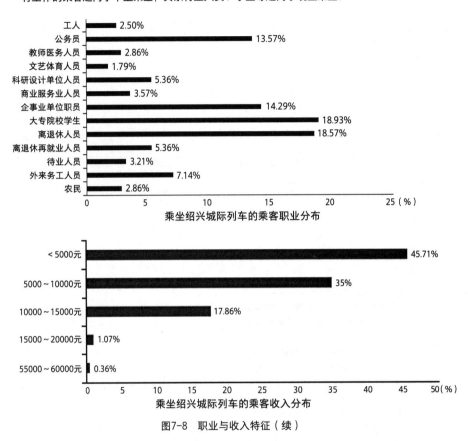

图7-8 职业与收入特征(续)

择出租车等,体现出城市大运量公共交通在长距离运输上的优势。

相较于高铁站,城际线处于城市中心区,便利的地理位置得以允许旅客在较短时间内能够到达,且到站方式也出现步行等慢行方式,体现出良好的站城服务关系。在出站交通方式选择上,约46%选择地铁,且随目的地距离的增加,占比也逐渐增大(图7-9)。

4. 满意度特征

在到站离站交通方式使用中,城际线旅客整体满意度要稍高于高铁站。

高铁站到站旅客中出租车、网约车满意度相对较高,但认为公交不方便的旅客接近50%,一方面体现出到站旅客对时间的敏感性较高,另一方面也需要地方加强对到站公交线路与班次的统筹,以提升公交出行满意度。在离站方式上,超过半数的旅客认为地铁最

高铁
- 到站方式主要是**出租车、网约车和公交车**。
- 随时间增加，使用出租车的乘客减少，使用公交车的乘客增多，其余交通方式变化不大。
- 离站乘客使用**地铁**的较多。
- 乘坐地铁的乘客在40~60min左右到达目的地最多。乘出租车的乘客比例随离站时间先增大后减少，20~40min的最多。

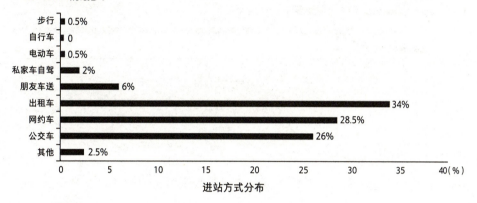

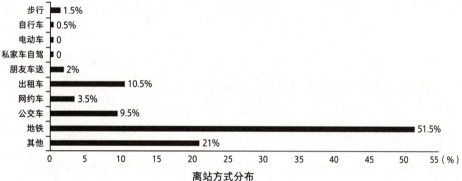

绍兴城际线
- 到站方式主要是**步行、公交车和出租车**，到站时间基本在40min以内。
- 到站时间越长乘公交的越多，步行的越少；其余交通方式的变化规律不明显。
- 离站乘客多使用**地铁**。
- 随时间的增加，离站的交通方式中地铁占比增大，公交占比基本不变，出租车占比先增大后减少，20~40min乘坐出租车的最多。

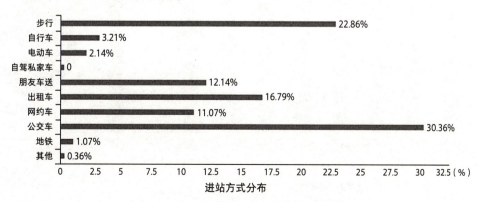

图7-9 进出站交通方式特征

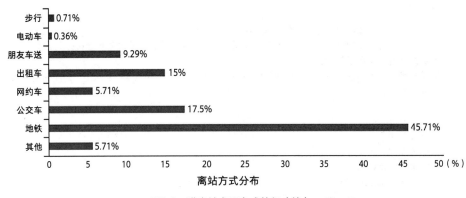

图7-9 进出站交通方式特征（续）

方便，进一步凸显出大运量公共交通的优势。

城际旅客中，接近80%左右乘客对到站交通较为满意，但对车站配套设施陈旧较为不满。在离站方式中，由于当前柯桥站片区并没有地铁，离站到达目的地时间较长成为旅客主要不满意的点。这要求城际线在下一步改造中，应重点提升进出站公共交通设施水平建设，同时充分发挥其城市中心区的地理优势，增加慢行等多元化交通方式供给，提升出行体验，扩大辐射范围及对周边城市功能的融合与支撑（图7-10）。

5. 出行偏好特征

在对选择高铁或是城际线出行的偏好上，高铁因为其换乘方便、车次多、发车时间

高铁
- 认为到站方便的乘客略多于认为不方便的乘客。但总体满意度低于绍兴城际线。
- 离站的满意度更高一些。其中认为方便的多为乘坐地铁的乘客，认为不方便的多为倒车换乘的乘客。

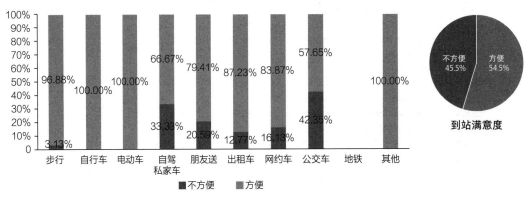

图7-10 旅客满意度特征

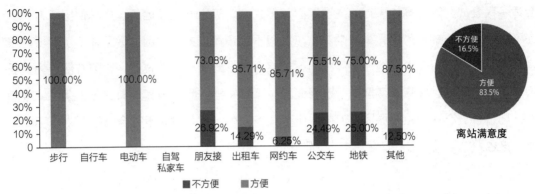

满意度与离站交通方式交叉分析

绍兴城际线

- 大部分乘客是满意的，其中不满意的主要是到站后**抵达目的地的花费时间过长**，其次是出发地到**车站花费时间长、车站配套设施差**。

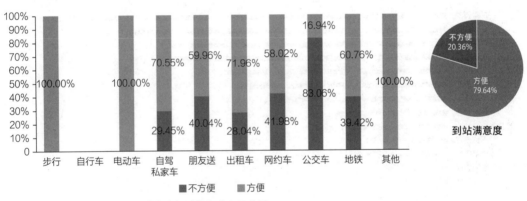

满意度与到站方式交叉分析

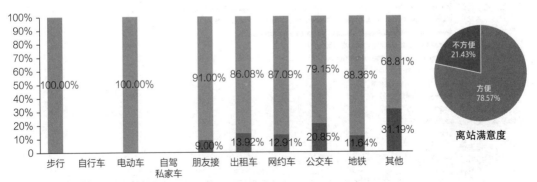

满意度与离站交通方式交叉分析

图7-10　旅客满意度特征（续）

合适等因素成为选择高铁出行的主要原因,但也因距离出发地较远而选择其他出行方式。在不选择城际线的原因中,车次少、发车时间不合适等占主要比例,甚至并不了解城际线也可实现对外出行。而在选择城际线出行的旅客中,距离出发地较近、达到方便成为主要因素。综合高铁、城际线客群出行选择偏好,可以看出城际线因其便利的区位条件,成为对外出行客流选择的主要原因,但同时也存在车次少、发车时间不符合出行要求等不利因素,这也为城际线吸引更多客流提出了改进方向(图7-11)。

6. 站点周边居民出行特征

在对柯桥站周边居民的问卷调查中发现,柯桥站投入使用,其往返杭州次数将有明显

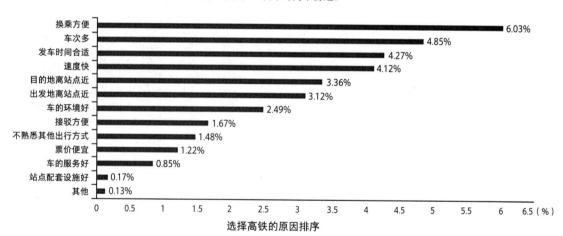

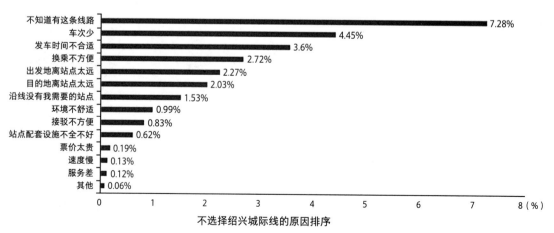

图7-11 出行偏好特征

绍兴城际线
- 选择乘坐绍兴城际线的原因大部分是离绍兴站近、换乘方便、发车时间合适。
- 不乘坐高铁的原因是离绍兴北站远,换乘不方便。

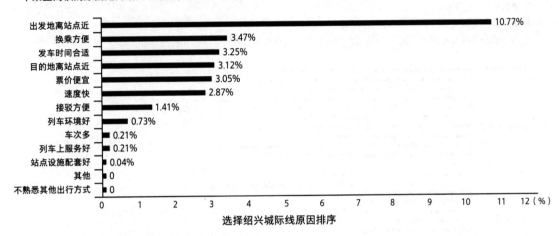

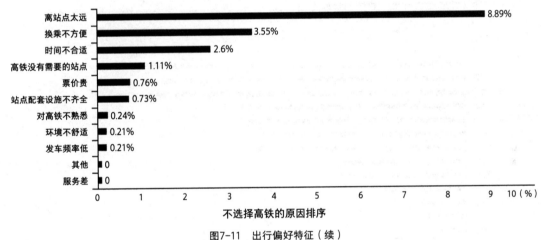

图7-11　出行偏好特征(续)

提升,且主要出行目的是公务出差、商办通勤以及旅游度假。到站方式中有约四分之一愿意选择步行且出行票价期望值在0~5元的范围,体现出周边居民对城际线更加类似于地铁的公交化出行的期望(图7-12)。

7. 轻纺城客流出行特征

由于轻纺城客流显著的商贸出行特征,其对到达商贸城的时间敏感度较高,在柯桥站投入使用后,超过六成受访人员表示会增加其到访轻纺城的次数,在原有开展公司业务之外,约70%会以个人购物为出行目的,这直接反映出城际线的开通,将显著促进轻纺城购物旅游经济的发展(图7-13)。

周边居民
- 柯桥站投入使用后,往返杭州的人较多,去宁波的较少。
- 主要出行目的为**公务出差和上班通勤、旅游度假**。
- 期望票价**0~5元最多**。
- 到站主要方式会是**步行、私家车、公交车**。
- 收入较高的人使用私家车会更多,收入较低的使用公交车更多。其余的步行和出租车较多。

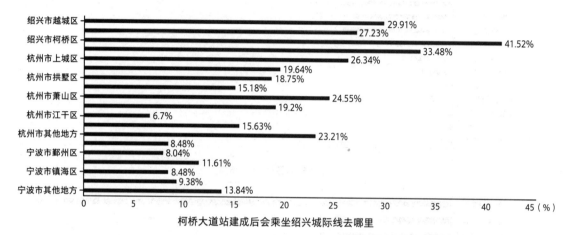

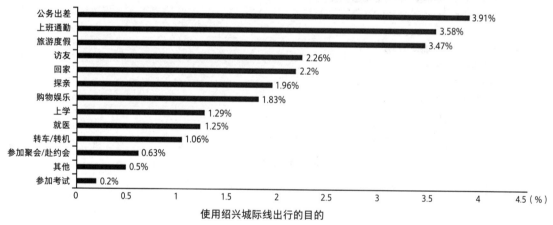

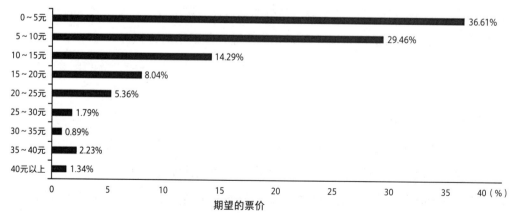

图7-12 柯桥站周边居民出行特征

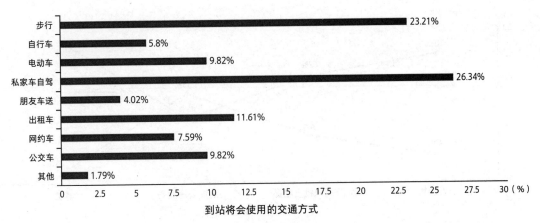

图7-12　柯桥站周边居民出行特征（续）

轻纺城客流

- 主要职业为商业服务人员和企事业单位职员。
- 收入主要在5000~10000元，比周边居民收入高。
- 选择加站后会增加来访次数的人数较多。其中加站对个人购物来访次数的影响更大。
- 各来访目的的人普遍期望票价都是0~5元。

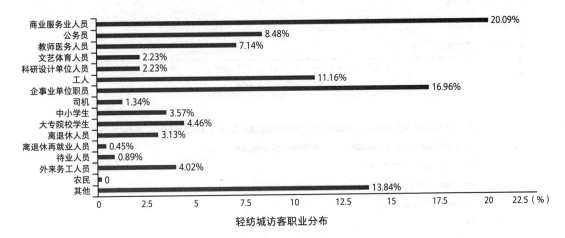

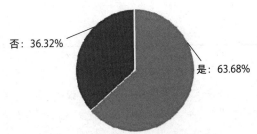

图7-13　轻纺城客流出行特征

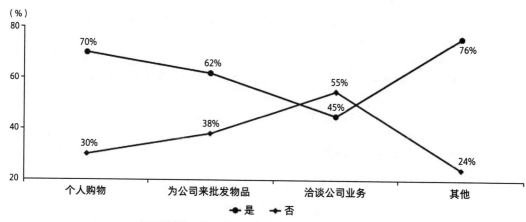

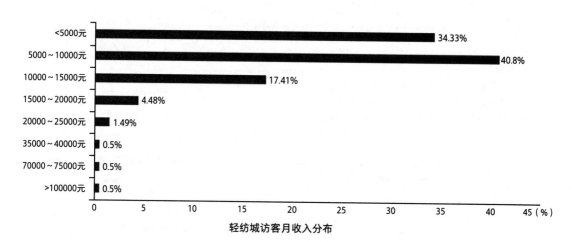

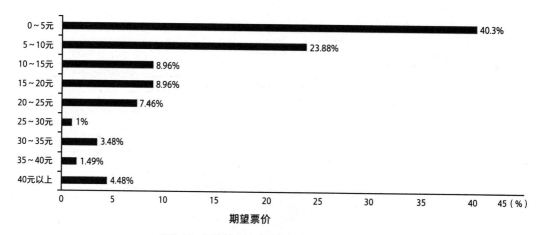

图7-13 轻纺城客流出行特征（续）

8. 客群出行特征总结

综上分析表明，相较于高铁绍兴北站，城际柯桥站由于其处于城市中心区的地理区位，成为吸引客流的主要优势之一，对连通区域社会关系起到重要作用。然而，由于柯桥站开行车次少、发车时间不合适、车站配套交通设施不完善、车站环境差等因素，难以吸引对时间敏感度高，追求出行效率的商务、通勤等客流吸引力较低。因此，在柯桥站综合交通设计方面，柯桥站应扬长避短，改善既有不利因素，争取吸引更多商务、通勤、旅游等不同客群选择，以实现对轻纺城产业转型升级、区域旅游圈构建以及周边社区服务的综合性轨道交通线路。

7.2 预测站点交通需求

根据《绍兴城际铁路二期工程金柯桥大道站实施方案（可行性研究）》，柯桥站近期全年客流量170万人，远期272万人。根据《柯桥区综合交通专项规划》，随着杭绍台铁路建成及城际线接入杭甬，柯桥区铁路客运量将实现突破性增长，预计2025年增长至958万人次。基于上节对客流类型以及出行特征的分析，对柯桥站近远期交通发送量进行重新预测（图7-14）。

线路与站点可研

- 过去十年，长三角铁路客运量由2.5亿人次增长至6.7亿人次，杭州铁路人均出行次数由7次/人/年增至15次/人/年，其中面向长三角城市的铁路出行占比近一半。根据柯桥区综合交通专项规划，随着杭绍台铁路建成及城际线接入杭甬，铁路客运量将实现突破性增长，预测2025年增长至958万人次。

柯桥区近年与未来总客运量情况变化趋势图

- 根据《绍兴城际铁路二期工程柯桥站（工可）》，城际线运营方向为杭州-绍兴，柯桥站全年客流量为170万人。

金柯桥大道站客运量相关指标

分站	近期			远期			最高聚集人数
	全年（万人/年）	全日（人次/日）	高峰小时（人次/高峰小时）	全年（万人/年）	全日（人次/日）	高峰小时（人次/高峰小时）	
金柯桥大道	170	4651	599	272	7445	951	300

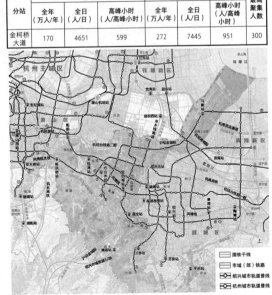

图7-14 绍兴轨道交通城际线原客流预测

7.2.1 方法一：对外交通需求预测

1. 绍兴对外交通需求总量预测

柯桥站的对外交通需求主要来自杭州—绍兴，宁波—绍兴之间的交通流动需求。类比上海—苏州之间交通流量数据，推导出杭绍甬之间的交通流动情况，其中绍兴—杭州交换量为30万人次/日，绍兴—宁波交换量为15万人次/日。结合柯桥区综合交通专项规划，过去7年间绍兴市对外交通增长率一直保持5%的增长率，预测近期至2030年平均增长率为3%，远期至2045年平均增长率为1.5%，则绍兴与杭州界面交换量近期为40万人次/日（1.46亿人次/年），远期为50万人次/日，与宁波市区界面交换量近期为20万人次/日，远期为25万人次/日（图7-15）。

2. 轨道交通占比总量预测

根据不同交通方式分担比，则轨道交通方面杭州方向近期4380万人次/年，宁波方向2190万人次/年，远期杭州方向5475万人次/年，宁波方向2737.5万人次/年（图7-16）。

需求预测方法一：对外交通需求预测
对外交通需求现状复核

- 柯桥站的对外交通需求预测主要来自杭州—绍兴，宁波—绍兴之间的交通流动需求。通过类比上海—苏州之间交通流量数据，推出杭绍甬之间的交通流动情况。

- 随着杭州作为长三角核心之一的迅速崛起，杭州与绍兴市之间出行联系在长三角地区应出现类似上海—苏州的紧密关联，而宁波与杭州市之间出行联系在长三角地区中排名第4位（百度地图大数据）。

- 根据百度大数据，苏州—上海之间每日通勤数量为4万人左右，上海—苏州之间每日通勤数量为3万人。长三角之间各个城市间通勤客流占城市交换量的15%，得出苏州—上海每日交换流量为60万人次/日。

- 根据人口数量与长三角城市间出行联系比例，得出现状绍兴—杭州每日交换量为30万人次/日，绍兴—宁波之间的换乘为15万人次/日。

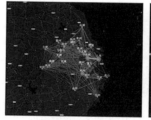

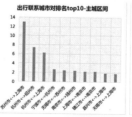
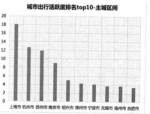

图7-15　绍兴对外交通需求总量预测

需求预测方法一：对外交通需求预测

对外交通需求预测

- 结合柯桥区综合交通专项规划，**现状**杭州与绍兴市区界面交换量约 30.8万人次/日，**各种交通方式比例分别为**80%、16%、4%。现状绍兴与宁波市区界面交换量约为15万人次/日。

- 绍兴市对外交通增长率在过去7年间一直保持5%的增长率，（柯桥区综合交通专项规划）预测近期到2030年平均增长率为3%，远期到2045年平均增长率为1.5%。预测绍兴与杭州界面交换量近期 40 万人次/日，远期 50 万人次/日。与宁波市区界面交换量近期 20 万人次/日，远期 25 万人次/日。

- 随着轨道交通线网的不断完善，轨道出行比例将会不断提升。参考杭甬线高铁建成前后功能性活动分布的差异，轨道交通占比将由现状的4%提升至30%。

图7-16 绍兴对外交通各交通方式分担预测

综合绍兴城际线各方条件，城际线主要服务范围集中为杭甬铁路以南区域，并承担该区域对外出行中杭州方向30%流量与宁波方向15%的流量，进而预测城际线杭州方向近期旅客发送量为1314万人/年，远期为1642.5万人/年，宁波方向近期为328.5万人/年，远期为410.6万人/年（图7-17）。

风情线竞争力

- 风情线的服务范围主要集中在绍兴市发展较为成熟的杭甬铁路以南区域。
- 风情线的竞争主要有：城市轨道交通、高铁。
- 在绍兴境内风情线西段距离杭州方向约为30km，东段距离宁波方向约为60km。
- 绍兴总规中绍兴市2035年常住人口预期为340万人，风情线服务范围内共服务110万人，占比30%。
- 风情线承担了杭州方向30%流量，与宁波方向15%的流量；高铁杭甬线承担了杭州方向55%的流量，与宁波方向70%的流量；城轨线承担两个方向上15%的流量。

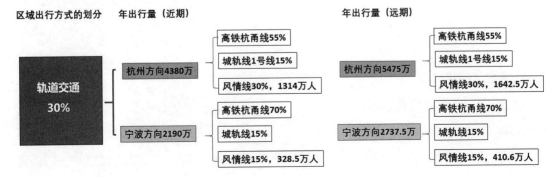

图7-17 绍兴城际线杭州、宁波方向年旅客发送量预测

柯桥站竞争力

- 城际线的服务范围主要集中在绍兴市发展较为成熟的杭甬铁路以南区域。城际线对绍兴北站与绍兴东站周边3km以内范围没有竞争力。城际线各个车站所在的地区把车站服务的城市区域分成了若干板块。柯桥站大约服务了绍兴市8%的人口范围。柯桥站距离杭州的距离相对较近，与杭州城际联系的竞争力较强。
- 城际线承担了杭州方向30%流量，与宁波方向15%的流量。
- 柯桥站承担了城际线上杭州方向18%的流量，与宁波方向2%的流量。
- 柯桥站近期客流量为300万人次，远期为360万人次。

距离（km） 站名	宁波	杭州
钱清	119.8	26.3
兴工路	110.9	29.5
柯桥站	107.4	35
镜水路	102.3	38.5
绍兴	97.3	44.1
迪荡	90.4	48.2
皋埠	84.3	55.2
陶堰	78.1	61.9
东关	73.4	68.2
上虞	68.9	72.6
百官	68.9	76.3
驿亭	53.1	92.7

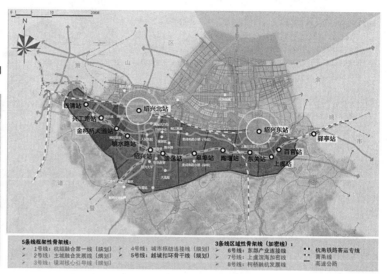

图7-18 柯桥站近远期发送量预测

3. 柯桥站对外交通总量预测

对比柯桥站与城际线沿线其他站点周边发展情况，柯桥站将分别承担城际线上杭州方向18%的客流流量与宁波方向2%的流量，得出柯桥站近期客流量为243万人次/年，远期为304万人次/年（图7-18）。

7.2.2 方法二：主要吸引点需求预测

根据前文分析可知，柯桥站主要服务客群包括住区客流、商务客流以及度假客流，其主要分布区及对应年发送量预测分别如下（图7-19）。

1. 住区客流需求预测

住区客流主要为柯桥区居住人口，即约100.2万人。根据绍兴市交通发展战略，远期（2030年）城市总体出行中，公共交通占比30%，人均跨区域出行6次/月。未来柯桥站主要服务范围内住区人口约10万人，则跨区域出行次数为60万次/月，其中城际线出行占比约20%，则柯桥站年通勤客流规模约144万次/年（图7-20）。

类别	主要吸引点
通勤	周边住区
商务	轻纺城（传统交易区）
度假	柯岩风景区，乔波冰雪世界，瓜渚湖，东方山水乐园，古镇

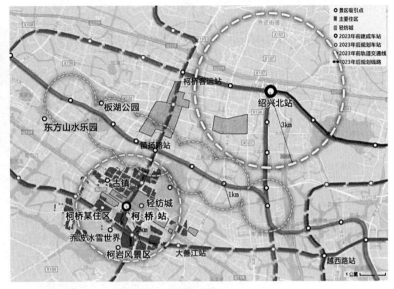

图7-19　柯桥站主要吸引点客流类型及分布

根据：

客流来向： 柯桥周边住区——杭州。

周边居住规模： 柯桥区人口：100.02万。

人均出行次数： 根据绍兴市交通发展战略，远期（2030年）城市总体出行中，跨区域月均出行6次/月。

预测

站点服务范围人口： 站点周围主要服务范围内住区大约占柯桥区所有主要住区的1/10，人口为10万人。

跨区域通行次数： 60万次/月。

路径分配： 50%选择私家车，50%选择轨道交通。轨道交通中40%选择城际线，40%选择高铁，20%选择城轨1号线。

车站客流： 144万人次/年。

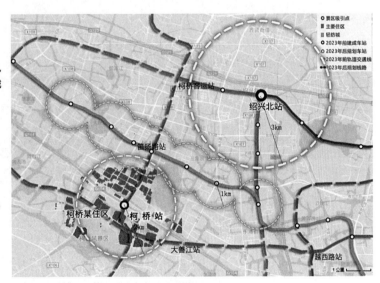

图7-20　柯桥站通勤客流年发送量预测

2. 商务客流需求预测

商务客流主要来自柯桥站北侧国际轻纺城。据统计，轻纺城每日客流量约10万人次，客流来源以珠三角区域为主，长三角次之。据客户调研统计，商务客流导入交通组合方式主要为飞机—小汽车，占比约40%，高铁—轨道交通/普铁占比10%、轨道交通/普铁占比约5%。预测城际线柯桥站承担轨道交通中约30%比例，则柯桥站年商务客流发送量约135万人次/年（图7-21）。

根据：

主要吸引点： 轻纺城。

客流来向： 全球各地（以珠三角为主，长三角次之）。

轻纺城每日客流量： 10万人次。

方式划分： 高铁—轨道交通/普铁10%，轨道交通/普铁5%，高铁—社会车辆10%，小汽车30%，飞机—小汽车40%，飞机—轨道交通5%（轻纺城座谈）。

预测：

路径分配： 普铁/轨道交通到达客流中30%来自城际线柯桥站。

本站流量： 135万人次/年。

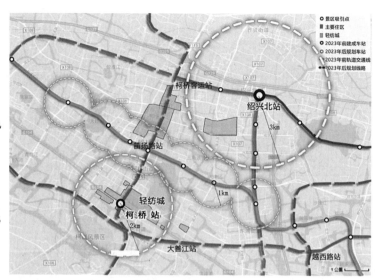

图7-21　柯桥站商务客流年发送量预测

根据：

主要吸引点： 柯岩风景区，乔波冰雪世界，瓜渚湖，东方山水乐园，古镇。

客流来向： 杭州以及周边住区。

景区规划每日客流量： 平均日旅游度假人数为2.4万人/天，周末为3.6万人/天，节假日高峰时段为12~15万人/天。

方式划分： 轨道交通15%，社会车辆60%，旅游大巴10%，普通公交15%（旅游规划）。

预测：

路径分配： 柯桥站40%，城轨站点60%。

本站流量： 60万人次/年。

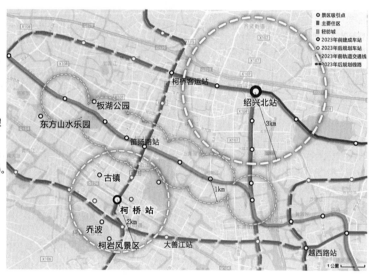

图7-22　柯桥站旅游客流年发送量预测

3．旅游客流需求预测

根据区域旅游度假圈规划，柯桥站主要吸引杭州以及周边住区旅游度假客流，远期预测柯桥站旅游客流发送量60万人次/年（图7-22）。

4．主要吸引点需求预测总结

综合柯桥站对住区、商务以及旅游客流的需求预测，柯桥站近期旅游客流发送量为339

万人次/年，远期为376万人次/年。通过高峰小时特征对柯桥站年客流发送量进行校正。比对三种客流分别在年、周、日高峰特征并进行叠加，得到柯桥站日高峰为晚高峰，周高峰为周末通勤客流与度假客流高峰叠加，年高峰则出现在节假日通勤与度假客流的叠加以及轻纺城展销活动高峰。高峰特征整体表现更接近于城市市郊轨道交通特点（表7-1）。

柯桥站不同客流日、周、年高峰特征情况　　　　　　　　　　　　　表7-1

客流	年高峰特征	周高峰特征	日高峰特征
通勤客流	全年稳定，节假日出现小高峰，为常住杭州人员回乡	每周末出现小高峰，为工作日住在杭州，周末回柯桥地区人员	工作日上下班为高峰，上班高峰时间较为集中，6:00-9:00；下班高峰时间稍微松散，18:00-22:00
商务客流	每年有四场大型纺织品展销活动，为每年的高峰客流时间	无明显高峰	每日下午4:00-7:00为跨区域商务客流离开地块高峰时间，绍兴本地客流出现早晚高峰
度假客流	节假日高峰客流为平时的6~7倍	周末高峰客流为平时的1.5倍	绍兴本地客流出现晚高峰
叠合与错峰关系	节假日通勤与度假客流高峰叠加。纺织品展销活动高峰与节假日错峰	周末通勤与度假客流高峰叠加	通勤、商务、度假客流早晚峰相互叠加，其中晚高峰叠加较为严重

通过两种方法进行的总量预测以及对高峰小时的复核，综合两种需求策略，预测柯桥站近期客流量为300万人/年，远期客流量350万人/年，车站最高聚集人数为750人。近期早高峰小时到达为462.5人/高峰小时，晚高峰小时到达为1438.5人/高峰小时；远期增加较多，晚高峰小时到达为1677.9人/高峰小时，早高峰小时到达为539.3人/高峰小时（表7-2）。

柯桥站近远期客流出行特征总结　　　　　　　　　　　　　表7-2

	近期（2030）（万人/年）	全日（人/日）	晚高峰小时（人/高峰小时）	晚高峰小时到达（人/高峰小时）	晚高峰小时出发（人/高峰小时）	早高峰小时（人/高峰小时）	早高峰小时到达（人/高峰小时）	早高峰小时出发（人/高峰小时）
工可值	170万人	4651	599	—	—	599	—	—
调整值	300万人	8219	2055	1438.5	616.5	1541	462.5	1078.7
	远期（2045）（万人/年）	全日（人/日）	晚高峰小时（人/高峰小时）	晚高峰小时到达（人/高峰小时）	晚高峰小时出发（人/高峰小时）	早高峰小时（人/高峰小时）	早高峰小时到达（人/高峰小时）	早高峰小时出发（人/高峰小时）
工可值	272万人	7445	951	—	—	599	—	—
调整值	350万人	9589	2397	1677.9	719.1	1797	539.3	1257.7

7.3 分析站点服务范围

7.3.1 交通出行分担比

结合上节柯桥站交通需求预测分析，对柯桥站具体交通辐射范围进行更加精细划分。其中，高铁绍兴北站服务半径为0~3km，城际线沿线站点服务半径为0~2km，城市轨道交通服务半径为0~1km（图7-23）。根据绍兴市交通发

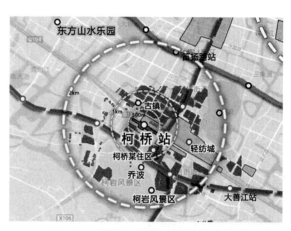

图7-23 柯桥站服务半径城市功能布局特征

展战略，以周五晚高峰小时为例，预测不同交通出行方式出行比例。结合柯桥站周边城市功能布局特征，得出柯桥站各交通方式出行分担比（表7-3）。

因此，柯桥站交通枢纽规划定位，不仅承担交通换乘中心的职能，更是区域综合交通中心。柯桥站综合交通规划应形成向柯桥站集中规划的公交首末站形成区域公交枢纽、向车站集中规划公共停车场搭建P+R出行链、向车站集中旅游交通节点形成旅游集散核心点、向车站集中水上码头与航道形成水陆联运节点以及向车站集中慢行网络形成一体化的城市空间。

柯桥站周五晚高峰小时段近远期客流交通出行方式分担特征　　表7-3

出行比例	近期	远期	近期（人/高峰小时）	远期（人/高峰小时）
轨道交通	0.0%	10.0%	0	288
公交	20.0%	18.0%	493	518
旅游巴士	5.0%	5.0%	123	144
小汽车（送站）	3.0%	3.0%	74	86
小汽车（接站）	3.0%	3.0%	74	86
小汽车（P+R）	14.0%	12.0%	345	345
出租车	10.0%	10.0%	247	288
网约车	10.0%	10.0%	247	288
步行	20.0%	15.0%	493	431
自行车	15.0%	14.0%	370	403
合计	100.0%	100.0%	2466	2876

7.3.2 交通规划调整

结合柯桥站未来交通定位及出行需求，需对现有交通规划进行调整。其中，公交规划结合柯桥区综合交通专项规划要求，构建轨道交通—公交，公交—公交（含旅游巴士），私家车—轨道交通的综合换乘体系。首先，对公共停车场进行调整，将送客停车场与P+R停车场分别设置。其次，对旅游中心调整，在地块内部，设置旅游巴士换乘枢纽作为旅游景点重要的交通节点，设置旅游集散中心。最后，增设水上客运站，利用地块内现有的契机，满足游船水运的要求（图7-24）。

区域交通规划调整

（一）公交枢纽和首末站的规划调整

结合柯桥区综合交通专项规划中的要求，轻纺城站规划为区域级枢纽。因此构建轨道交通—公交，公交—公交（含旅游巴士），私家车—轨道交通换乘体系。

（二）公共停车场的规划调整

规划建议接送客（含网约车）停车场与P+R停车场分别设置。接送客停车场满足短时间停车需求。P+R停车场主要满足通勤客流长时间停车，换乘轨道交通去往杭州的需求。

（三）旅游中心的调整

结合鉴湖柯岩旅游度假区发展规划，柯岩旅游集散中心以9号线终点站为中心布置。9号线终点站在轨道交通规划中为远景，因此近期景区轨道交通到达客流仍然以城际线柯桥站为主。在地块内部设置旅游巴士换乘枢纽作为旅游景区重要的交通节点非常重要。

（四）水上客运站的调整

地块内现有七级航道可以满足游船水运的要求，在地块内部设置水上客运站，可以直接实现水运与陆运之间多样化的换乘需求。

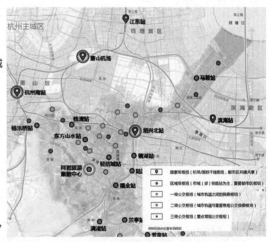

图7-24 柯桥站区域交通规划调整

针对轨道交通线网情况，研究过程中同时建议对绍兴城市轨道交通8号线线路进行优化调整，将其与地铁2号线平行的换乘格局优化为T型换乘，从而降低环评难度，以优化城际线、轨道交通2号线、8号线三线和城际柯桥站、2号线柯岩大道站、8号线轻纺城站三站之间的关系，利用柯桥站和轻纺城站连通铁路和高架的南北两侧。同时，对三站换乘方式进行调整，城际线柯桥站将主要与8号线轻纺城站进行换乘（图7-25、图7-26）。

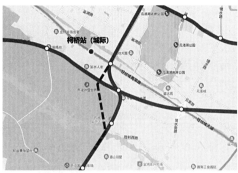
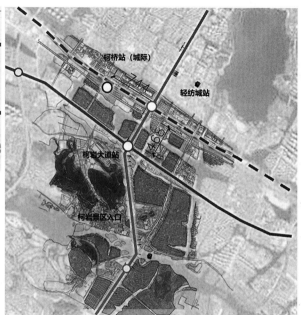

- 将平行换乘格局优化为T型换乘。降低环评难度
- 优化三线（城际线、2号线和8号线）和三站（柯桥站、轻纺城站和柯岩大道站）的关系。
- 利用柯桥站和轻纺城站联通铁路和高架的南北两侧。

图7-25 柯桥站区域轨道交通规划调整

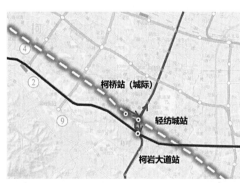
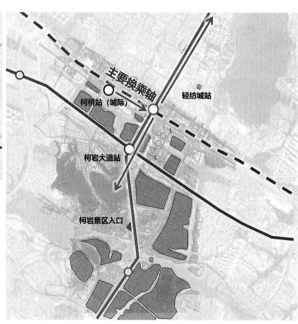

- 柯桥站（城际线）将主要与轻纺城站（8号线）换乘。
- 城际线与绍兴地铁2号线均为东西方向，8号线为南北方向。
- 由于柯桥站为高架站，地铁为地下站，需注意换乘中的竖向衔接。

图7-26 柯桥站三站换乘方式示意

7.4 预测交通设施规模

7.4.1 公交设施规模的预测

柯桥站周边现有公交线路14条、旅游巴士1条,公共系统较为成熟。综合对交通需求的分析,在柯桥站新增公交首末站和相应线路,以应对枢纽带来的新增公交换乘客流。

公交车首末站设置规模,共分为三个部分,包括枢纽配套部分、周边配套部分以及景区配套部分。其中,枢纽配套部分,高峰小时公交需求518人次,按照每个站台发车频次12辆/小时计算。周边配套部分,根据新增物业部分需要配置2条公交线路和1个站台。景区配套部分,不需要单独设置上落客位与备车位,因仅有2条公交线路,发车间隔30min每班。每个公交设施200m²,需要三个上客位和落客位。旅游巴士落客位新增1个,中途公交港湾站增配3~4个。公交设施总建筑面积约12230m²(图7-27)。

公交首末站设施规模

- **枢纽配套部分**:高峰小时公交需求518人次,公交载客人数40人/车,首站载客数30人/车,高峰小时发车间隔5分钟,每个站台发车频次12辆/小时,公交线路4条。
- **周边配套部分**:周边2km内无公交首末站,周边新增物业配套部分需要配置2条公交线路,1个站台。
- **景区配套部分**:旅游景区配置2条公交线路,发车间隔30分钟每班,不需要设置单独上落客位与备车位。

旅游巴士(包车)设施规模

- 旅游巴士包车包含旅行团巴士、长途客车包车。
- 配备1个落客位。

公交车中途站

- 现状已有常规公交线路14条,旅游公交线路1条。
- 4~5条线路设置1个港湾站。
- 设置港湾站3~4个。

交通设施	
公交线路(个)	6条常规公交,2条旅游公交
面积(平方米)	1350
上客位(个)	3
面积(平方米)	660
下客位(个)	1
面积(平方米)	220
总面积(平方米)	12230

交通设施	
旅游巴士落客位(个)	1
中途公交车港湾站	3~4

图7-27 公交设施规模预测

7.4.2 小汽车设施规模的预测

为避免因小汽车接送客对本就紧张的柯桥站周边交通环境叠加压力，研究中提出建议对小汽车接送客车辆进行严格的交通管理，所有接送客车辆必须进入限定车道接送客，并严格控制停留时间。网约车或停车时间长的接客车辆必须入库，并另设P+R停车场。综合小汽车接送客需求，设置接送客停车场小汽车泊位60个，P+R小汽车泊位200个；出租车、网约车近期蓄车位各12个，上客位各6个，落客位各4个（图7-28）。

小汽车设施规模

- 设定严格的交通管理，所有接送客的车辆必须进入限定的车道边接送客，严格控制时间。网约车与停车时间长的接客车辆必须入库。
- 接送客停车场内停车周转率为2.2次/小时，车均载客1.5人。
- 另设P+R停车场，车均载客1.3人，高峰日345人次，停车周转率为1.2次/天。

交通设施	
上客位	2
下客位	1
接送客停车场小汽车泊位（个）	60
用地（平方米）	1800
P+R小汽车泊位（个）	200
用地（平方米）	6000

出租车与网约车设施规模

- 车均载客1.5人。
- 车辆上客所需时间——90s。
- 车辆下客所需时间——30~60s。

交通设施	近期
出租车蓄车位（个）	12
面积（平方米）	240
上客位（个）	6
面积（平方米）	120
车道边下客位（个）	4
面积（平方米）	80

交通设施	近期
网约车蓄车位（个）	12
面积（平方米）	240
上客位（个）	6
面积（平方米）	120
车道边下客位（个）	4
面积（平方米）	80

图7-28 社会车、出租车设施规模预测

7.4.3 设施规模预测小结

综合公交、小汽车等不同交通设施需求，同时配备自行车共享车位以及普通自行车的停车位，柯桥站各交通设施配置方式与规模如表7-4所示。

柯桥站各交通设施规模预测　　　　　　　　表7-4

			标准线路数	设施总计
常规公交与旅游公交	首末站	枢纽服务	4	落客位2个 上客位3个
		周边服务	2	
		旅游专线	2	

续表

		标准线路数	设施总计
常规公交与旅游公交	中途站	15	港湾站3~4个
旅游巴士包车			落客位1个
社会车辆	送客	车道边车位	落客位1个
	接客	短期停车位数量	60个
		停车场接客边	上客位2个
	P+R	停车位数量	200个，其中100个可与开发车库共享
网约车	送客	车道边车位	落客位4个
	接客	停车位数量	上客位6个 蓄车位12个
出租车	送客	车道边车位	落客位4个
	接客	停车位数量	上客位6个 蓄车位12个
自行车	共享停车位		400辆
	其他		400辆
游船码头	待定		

7.5 提出交通解决策略

7.5.1 路网优化策略

在研究中课题组发展柯桥站现状周边道路规划不甚合理，自现状笛扬路向西约630m才有育才路，中间南北向道路密度严重不足。因而在过程中建议在D地块西侧增加支路（图7-29），以缓解高峰时段轻纺城大道与笛扬路的拥堵状况，各个来向的车辆可通过支路进入地块内部，分流过境交通与接送站交通，避免区域因交通重叠而造成交通拥堵（图7-30）。

7.5.2 道路渠化策略

研究的同时对优化后路网进行交通渠化设计，以进一步优化区域交通流线。

- 现状笛扬路向西630m才有南北向道路，D地块南北向路网密度严重不足。
- 建议：D地块增加支路，缓解高峰时段轻纺城大道到和笛扬路的拥堵状况，东南西北各个来向的车辆通过支路进入地块内部。

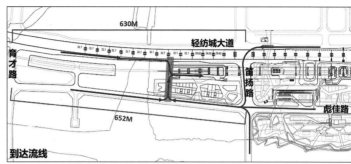

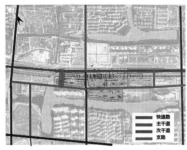

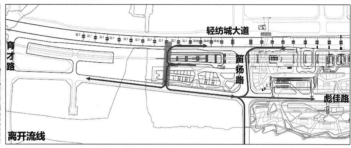

图7-29 增加南北向支路提升路网密度

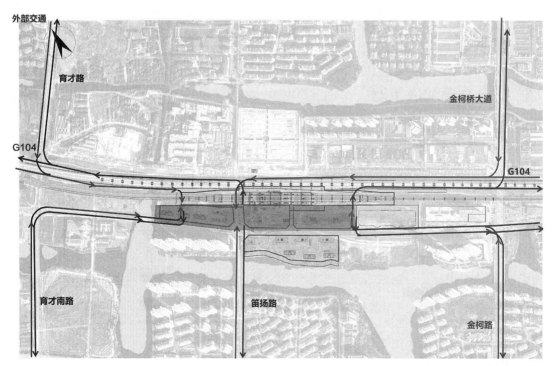

图7-30 路网优化后进出站交通流线

1. 轻纺城大道南侧道路渠化

结合网路优化，我们首先对轻纺城大道南侧道路进行了渠化设计，设置公交车专用道，以确保人车分流、大小车最少交叉。同时，展宽笛扬路路口，结合高架柱网依次布置左转、左转/直行、右转/直行、枢纽专用右转车道、非机动车道。在轻纺城大道辅路设置进入枢纽的社会车落客位，以满足过境交通与枢纽落客交通需求（图7-31）。

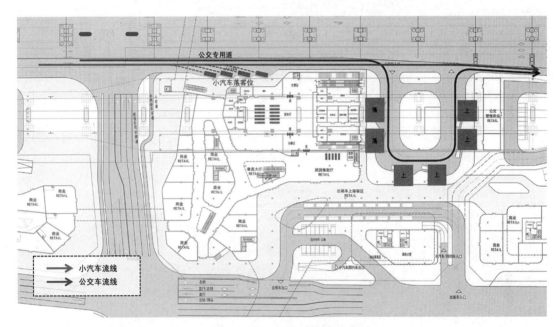

图7-31　轻纺城大道南侧道路渠化设计

2. 轻纺城大道北侧道路渠化

为进一步照顾轻纺城大道北侧道路的进出站需求，我们对轻纺城大道北侧进行了渠化优化设计，在辅路内侧结合交通核设置社会车落客位与非机动车停车场，公交港湾设置进入二层平台扶梯，路口结合高架柱网依次布置左转、直行、右转/直行，非机动车道（图7-32）。

3. 笛扬路/彪佳路交叉口渠化

在柯桥站站前区域，对笛扬路与彪佳路交叉口进行渠化，结合枢纽出租车出入口，依次布置左转、直行、右转/直行，右转车道，非机动车道，由出租车出口驶离枢纽的车辆在本路口不可左转，减少车流的交叉，保证过境车辆与进出枢纽的车辆均流线顺畅，出租车可到下路口左转（图7-33）。

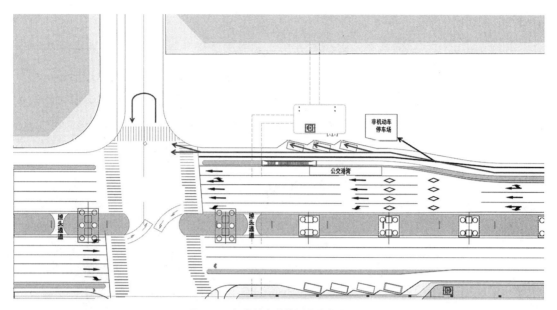

图7-32 轻纺城大道北侧道路渠化设计

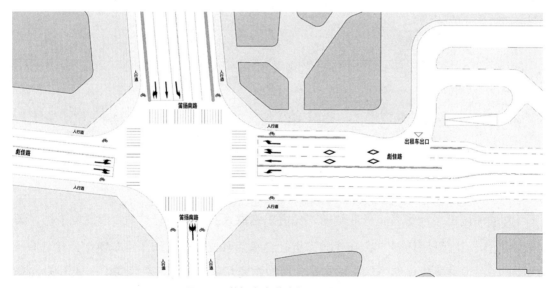

图7-33 笛扬路/彪佳路交叉口渠化设计

7.5.3 交通承载力分析

经过路网优化及道路渠化设计之后,研究中进一步对比了路网优化、道路渠化前后交通承载力分布图。对比分析表明,虽然后期有枢纽车辆的加入,但片区整体交通承载力并没有明显出现交通拥堵压力的增大情况,达到交通设计目标(图7-34)。

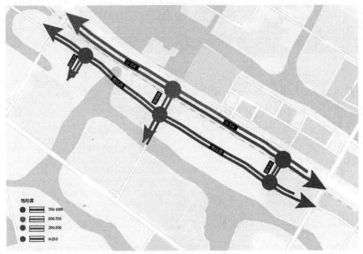

（a）现状交通承载力分布图

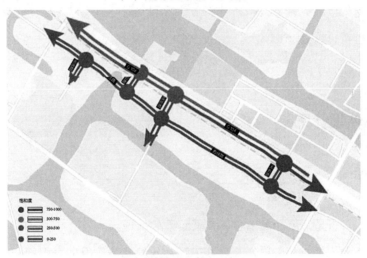

（b）规划交通承载力分布图

图7-34　交通优化前后片区交通承载体对比

第 8 章

市郊铁路站点的一体化开发方案设计

一体化开发内容与综合交通解决方案的确定,为站点一体化开发奠定了功能与交通需求基础,一体化开发方案的设计则是对前两者内容的具体空间规划落位过程。

本章节将继续以绍兴城际线柯桥站为具体案例,对站点层面一体化开发设计的主要内容与实现途径进行分析。

8.1 制定总体设计策略

8.1.1 分析场地条件

场地条件的分析是开展功能落位与交通组织的前提。

柯桥站总体开发场地约9.48公顷,其中综合开发地块总用地面积约5.63公顷,可分为B、C、D、E四个地块,车站红线范围4.6公顷。车站南、西两侧邻水,生态资源条件较为优越,这对一体化设计中地方特色文化的体现提供了基础(图8-1)。

8.1.2 寻找设计机遇

设计机遇的寻找过程,就是对站前综合开发规划的分析过程,也是本书第6章的重要内容。

由第6章分析可知,柯桥站地处柯桥区城市功能与旅游功能板块的交界地带,同时与轻纺城传统交易区相邻,是多个片区的交汇地带。但由于北侧轻纺城大道及城际线路的高架线路划分,南北城市隔离现象较为严重,且两侧城市风貌差异较大。柯桥站一体化开发

地块编号	用地性质	面积（公顷）
B	B1/B2	1.35
C	B/S	1.00
D	B1/B2	1.26
E	R2	2.02
合计		5.63
车站红线范围		4.60
总用地面积		9.48

C地块作为城际站交通枢纽用地，面积仅1公顷，无法承载公交、出租、小汽车等多样化换乘需求。建议将B、C、D、E地块统筹考虑。

B、C、D、E地块应结合城市形象展示与功能、交通需求，合理优化容积率、限高等规划条件。

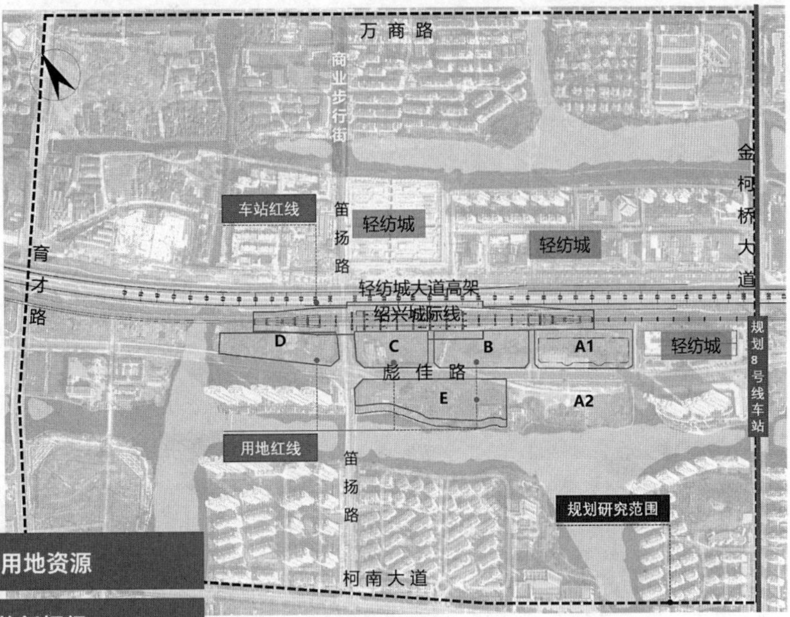

+5.63hm² 的建设用地资源

+杭州1h通勤圈的新枢纽

图8-1 柯桥站一体化开发用地规模

成为完成区域城市功能的"最后一块拼图"。

因此，柯桥站一体化开发项目，不单是综合交通枢纽，也需具备对城市更新、产业激活、旅游门户塑造以及周边住区服务提升的功能。同时，作为既有线改造项目，还需考虑对于城市南北的缝合。成为集交通、产业、旅游、服务以及居住为一体的一站式城市生活目的地（图8-2）。

8.1.3 认识设计挑战

分析并清楚认知所面临的设计调整，是实现具有站点自身特色一体化开发的重要过程，分析对比沿线站点特征及优劣势，是重要的认识过程。

对比绍兴城际线一期已开通的钱清站、绍兴站以及上虞站，由于为既有站房改造，所以能够得以快速投入运营，但站房功能相对简单同时与周边城市功能耦合作用较弱。二期站点柯桥站、迪荡站、百官站为新建站房，但在推进站房设计方案仍存在站房功能简单、站点周边功能开发定位不清晰、开发强度较低等问题。

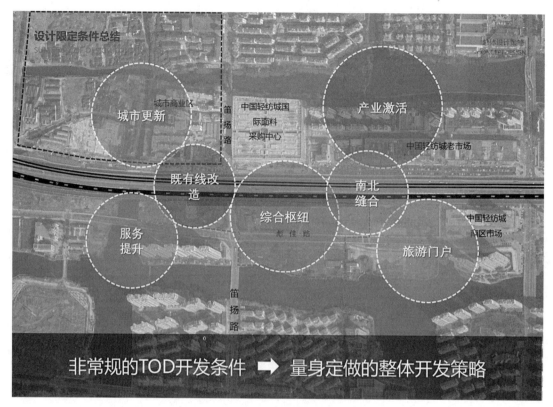

图8-2 柯桥站一体化开发策略

其中，柯桥站存在土地利用效率低，线下空间利用不足；综合交通接驳考虑不足；侧式站房缺乏北侧进站通道，站房南北联系不畅以及站房功能独立，有周边城市功能联系差等问题（图8-3）。

8.1.4 确立设计愿景

设计愿景的确立，是对场地条件分析、设计机遇寻找以及设计调整的认识之后的重要环节，其直接体现了站点未来的发展定位、建设模式以及运营模式。

在对柯桥站的上述分析过程中，研究并提出了以"站城一体"的第四代TOD综合交通枢纽理念开展柯桥站一体化设计愿景，以打破传统站、城分离弊端，实现景观、功能、交通、市政的融合统一，实现客运枢纽与城市空间的全方位无缝衔接（图8-4）。

原站房方案
PREDICTION OF TRANSPORTATION FACILITIES

1. 土地利用效率较低，线下地下空间利用不足。
2. 未考虑综合交通接驳。
3. 侧式站房缺少北侧进站，站房南北缺少联系。
4. 与周边地块联系相对薄弱。

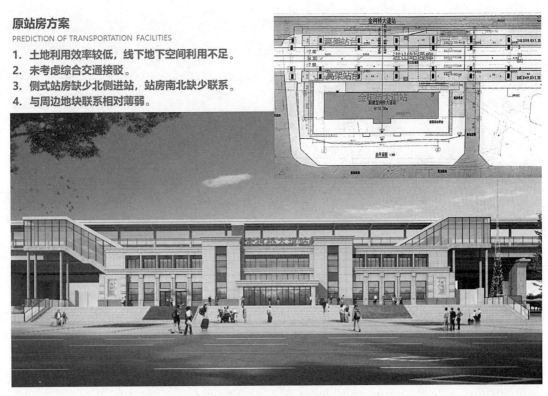

图8-3 柯桥站原站房设计不足分析

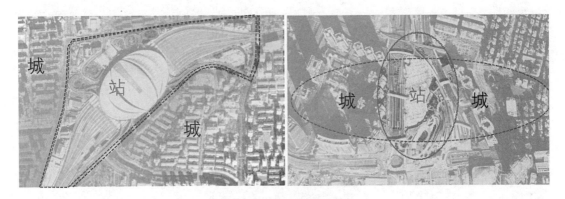

客运枢纽与城市空间全方位无缝衔接

打破站、城的控制边界

车站即城市

| 景观融合 | 功能融合 | 交通融合 | 市政融合 |

图8-4 柯桥站"站城一体"设计理念与愿景

8.1.5 重视设计呈现

设计呈现是站点所有设计工作成果的最终呈现，功能明确、流线清晰、表达充分是设计成果体现的关键。

柯桥站基于"站城一体"设计理念，以"超级十字"为空间骨架（图8-5），实现了对柯桥站东西南北四个方位的无缝衔接。站房TOD中心点为一体化区域的建筑最高点，向东西两侧逐渐降低，形成富有韵律的天际线，打通滨水景观通廊（图8-6）。

8.2 生成综合开发方案

8.2.1 项目总图生成

项目总图是站点一体化设计各功能的平面布局图，要求结合用地条件与周边资源，合理化功能布局，清晰表达流线组合，并根据需要展现重点区域详细总图（图8-7）。

柯桥站站前一体化设计总图，项目整体以柯桥站站房为中心，南侧C地块紧邻布置综合换乘大厅、平台连廊以及商务酒店。B地块紧邻C地块商务酒店，结合东侧轨道交通8号

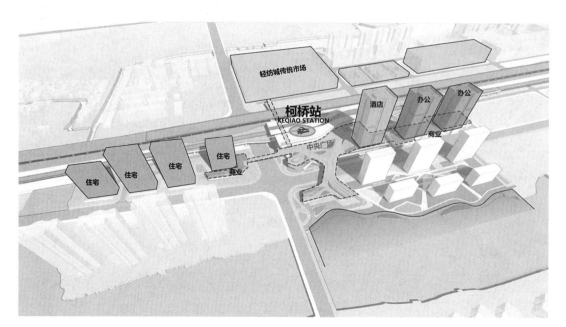

图8-5 "十字骨架"缝合城市地块

图8-6 柯桥站一体化设计效果图

图8-6 柯桥站一体化设计效果图（续）

图8-6 柯桥站一体化设计效果图(续)

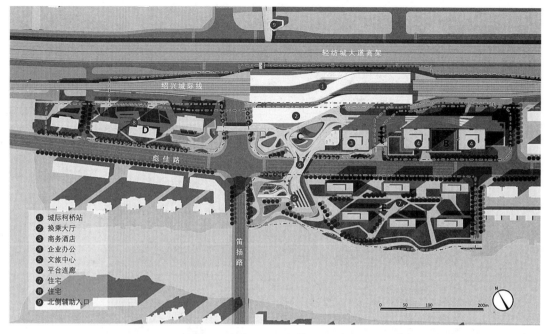

图8-7 柯桥站一体化设计总平面图

线站点，布置企业办公，满足轻纺城产业升级需求。发挥E地块滨水景观资源优势，结合水陆码头，设置文化旅游中心，通过空中连廊实现与C地块的无缝慢行衔接。E地块东侧与D地块，布置满足杭州—绍兴跨城通勤及周边居住提升的住宅社区。同时，方案注重消解轻纺城大道以及绍兴城际线轨道对城市南北的分割，设置连廊通道连接北侧轻纺城与柯桥站站房，解决轻纺城大道北侧的进出站交通问题（图8-8）。

8.2.2 交通设施布局生成

交通设施布局过程，是结合枢纽周边道路交通基础，结合综合交通需求，开展交通设施合理化布局的过程，要求综合体现对土地利用效率。

在对柯桥站交通设施的布局研究过程中，当时课题组充分结合柯桥站交通基础条件，通过交通分区、南北落客以及立体组织有效实现了对土地利用效率、交通接驳效率以及交通换乘效率的提升。

1. 交通分区，提升土地利用效率

柯桥站在首层划分所有交通功能界面，其中大车统一布置于站房北侧，小车布置于

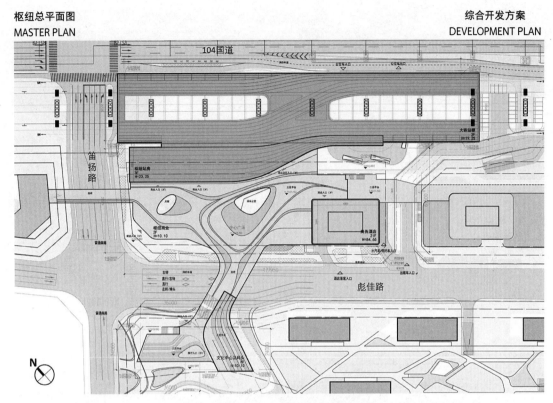

图8-8　柯桥站一体化站房南侧设计总平面图

C地块南侧，实现大小车进出站流线分离。同时优化利用铁路线下空间，布置线下候车厅、公交场站以及城市公共P+R停车区，释放站房南侧地块开展综合开发，进而大大提高地块综合开发效率（图8-9）。

2. 南北落客，提升交通接驳效率

柯桥站设置南北两侧小汽车（社会车、网约车、出租车）落客系统。南侧为枢纽主要接送客系统，以出租车上落客为主。补充设置北侧轻纺城大道南北两侧设置小汽车快速（即停即走）上落客点，北侧落客点落客以后，可直接通过路北垂直交通核，经二层连廊快速到达线下候车厅（图8-10）。在B1层设置南侧地下小汽车及网约车上客区（图8-11）。

3. 立体组织，提升交通换乘效率

通过立体交通流线组织，柯桥站得以有效提升了枢纽的交通换乘效率。通过换乘大厅，可沟通首层的交通接轨空间，将线下候车以及南侧的上落客区进行很好的衔接，同

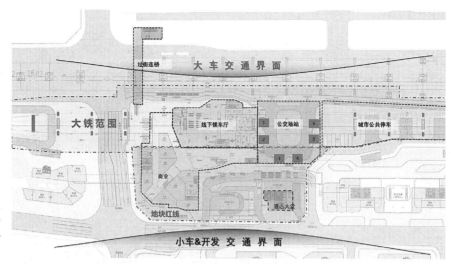

图8-9 柯桥站一体化站房南侧设计总平面图

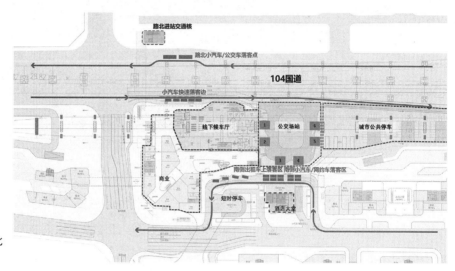

图8-10 首层南北上落客系统

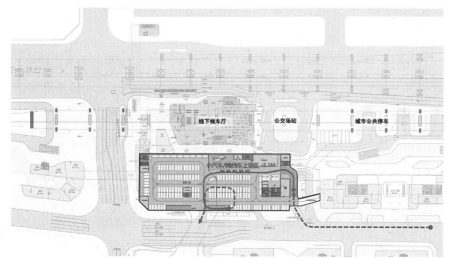

图8-11 B1层南侧小汽车上客区

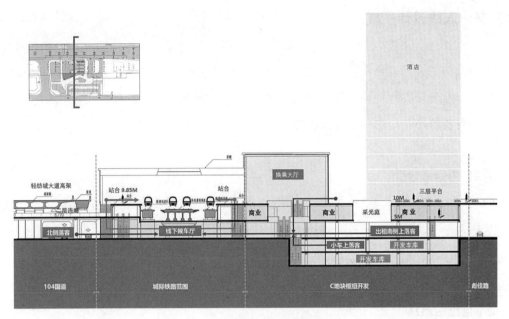

图8-12 垂轨方向站房剖面图

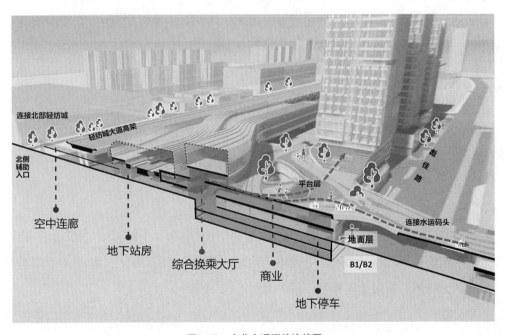

图8-13 南北交通联络流线图

时可以垂直衔接二层商业、三层城市生活平台、地下的小汽车上落客区以及开放车库。利用站房和连廊沟通南北地块，协调高架路、铁路、道路、水路的交通关系（图8-12、图8-13）。

8.2.3 交通流线设计生成

交通流线的设计，是对各类交通设施之间的换乘衔接关系的表达，是体现交通设施布局合理性以及未来实际使用体验舒适性的模拟，其中需重点体现客流的进出站流线以及与站点周边各类城市功能之间的便捷衔接。

1. 首层进出站流线

柯桥站的进站流线，引导人流从南侧的商业码头、小汽车和网约车落客区、公交以及北侧的落客区汇集到垂直大厅，通过垂直大厅进入线下候车厅进行乘车。对出站流线的引导，通过中心换乘大厅实现人流与公交、小汽车、商业以及南侧码头的快捷换乘（图8-14）。

2. 线下进出站流线

结合柯桥站的立体交通设施布局方式，柯桥站线下候车厅采用进出站分离的流线形式，将车站与枢纽界面切分开。进站主要经候车厅向东，经垂直交通达到二层站台层，出站流线自二层站台层经垂直交通下行后，经右侧出站口出站至进出站展厅（图8-15）。

3. 二层商业流线

柯桥站通过垂直交通，可自首层进出站大厅到达二层商业空间，同时经二层连廊向东至B地块商办空间、向南至E地块文旅中心等滨水空间（图8-16）。

4. 城市平台流线

柯桥站为进一步服务站房东、西、南侧及一体化开发物业乘客进站，在城市平台层同时设计进出站厅，实现与站台层水平衔接。同时，城市平台层通过空中连廊，实现与枢纽周边地块的无缝慢行衔接（图8-17、图8-18）。

8.2.4 公共空间与景观节点生成

综合交通枢纽公共空间是城市公共空间的中非常特殊的组成部分，它是城市对外交通与对内交通系统的转换节点，也是人流大规模持续性集散的空间载体，在站城一体化的大趋势下承载着越来越多交通以外的社会公共生活，成为带动区域发展的催化剂。

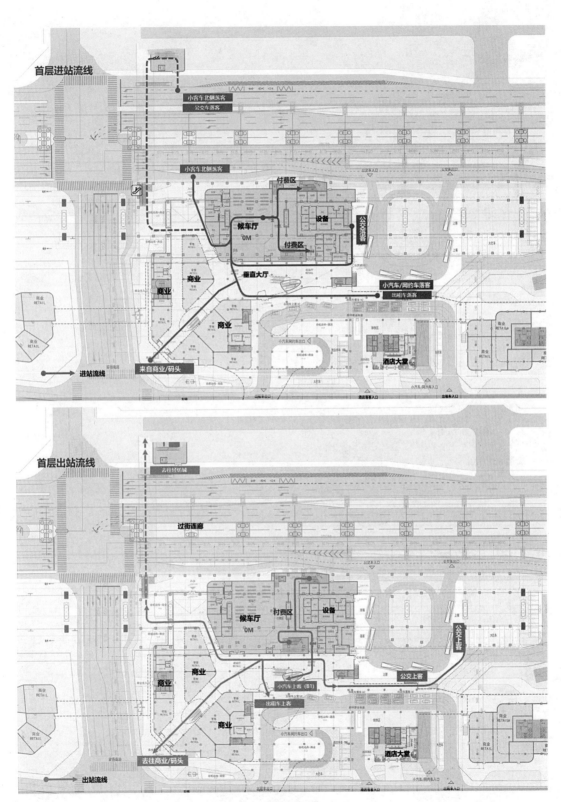

图8-14 首层进出站流线图

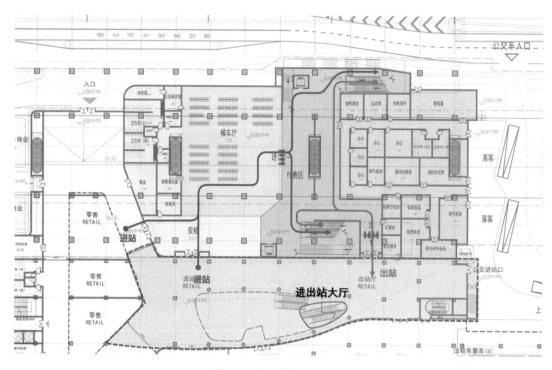

图8-15 线下进出站流线图

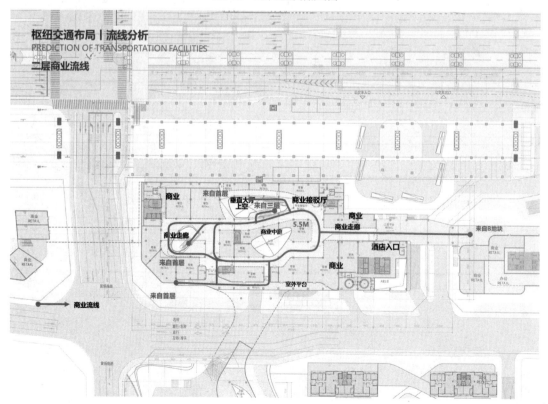

图8-16 二层商业流线图

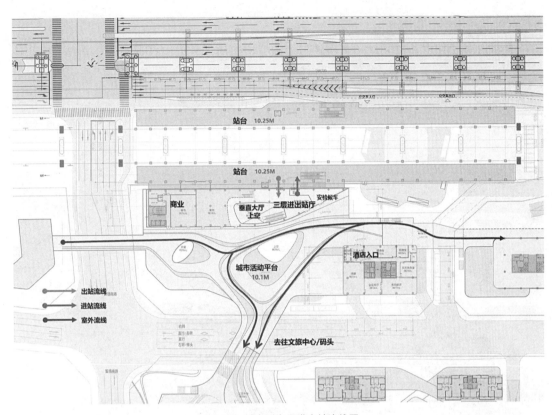

图8-17　城市平台层进出站流线图

图8-18　综合换乘大厅换乘关系及空间效果图

1. 公共空间与景观布局

柯桥站项目整个公共空间与景观通过二层城市生活平台进行组织。生活平台的中心位于出站厅前方中央景观广场，可以实现各个方位的连接（图8-19）。同时，在商业上方设置商业天顶广场，围绕酒店设置路演广场，往南设置码头屋顶平台以及码头的景观广场（图8-20、图8-21）。

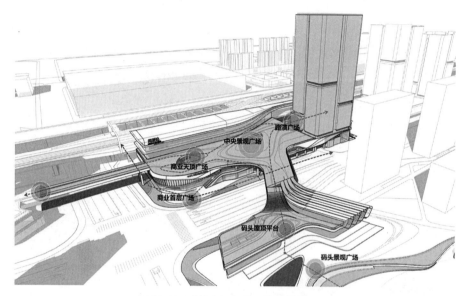

图8-19　公共空间与景观节点布局图

图8-20　部分公共空间与景观节点效果图

图8-21 枢纽核心广场效果图

2. 人文滨水泊岸

柯桥站充分利用站前南侧水系资源，结合其七级航道资源，设置文旅中心、水上码头，打造鉴湖水上旅游起点。同时，结合滨河的开敞空间和景观界面，打造柯桥区水上"城市门户"，让枢纽"透气"（图8-22）。

文旅中心首层以码头功能为主，含大厅售票区、付费区以及少部分商业区。二层以滨水文化以及柯桥文化展示为主的城市展厅。乘客出站以后，可直接通过城市平台、城市连廊到达二层展厅。如果需要乘坐游船，可下到首层直接乘船（图8-23）。

8.2.5 竖向标高关系确定

竖向标高关系是枢纽一体化设计各类功能的竖向关系的体现。

柯桥站枢纽场坪标高5.9m，站台层标高15.75m与城市生活平台标高一致。向南侧通过空中连廊标高逐渐下降，文旅中心屋顶标高10.85m（图8-24）。

图8-22 人文滨水泊岸效果图

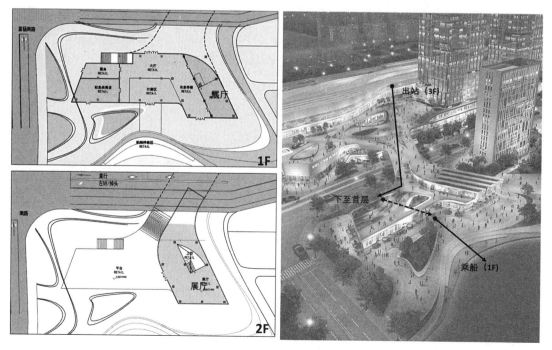

图8-23 文旅中心平面及与枢纽步行联络图

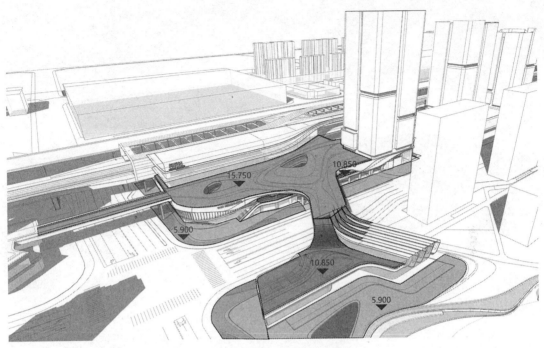

图8-24 项目总体竖向标高关系

8.2.6 站棚结构与形象构建

站房结构是站点特色的最直接体现。当前我国新时代铁路客站设计创新总体要求达到"畅通融合、绿色温馨、经济艺术、智能便捷"目标,体现铁路车站作为公共基础设施的基本属性,发挥铁路车站服务旅客、服务社会的窗口作用(图8-25)。

柯桥站因为是既有线改造,新建到发线及新建站台采用整体混凝土框架结构,桥建合一做法,使线下站厅的空间更加舒适(图8-26)。站台雨棚设计,采用钢结构门式框架雨棚,整体性较好,实现了绿色低碳与经济艺术的有效融合(图8-27)。

8.2.7 经济技术指标分析

经济技术指标分析是对设计成果的综合性指标评价,包括建筑技术指标分析以及投资估算,是检验一体化开发方案落地可行性的重要评价指标与过程。

图8-25 站房效果图

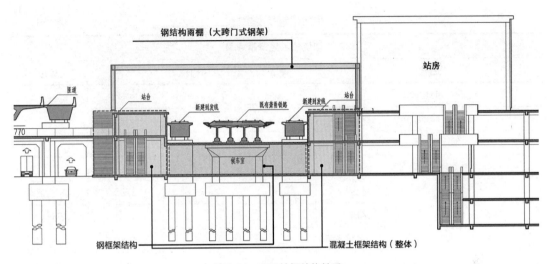

图8-26 项目站棚结构关系

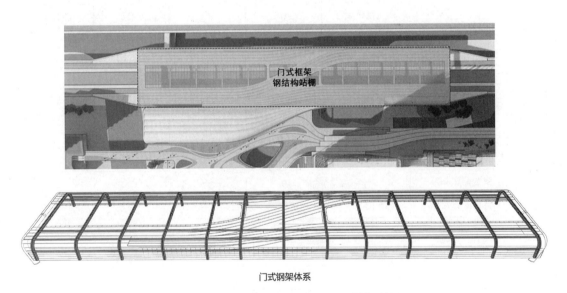

图8-27 门式框架雨棚顶视效果图及剖面结构分解图

1. 枢纽建筑技术指标

柯桥站枢纽总用地面积是1.18hm², 总建筑面积是6.23万m², 包含地上建筑面积4.63万m², 地下建筑面积3.34万m²。E1地块总用地面积4877m², 总建筑面积1700m²（表8-1）。

枢纽建筑技术指标 表8-1

C地块技术经济指标表

名称			单位	分项指标	指标	备注
总用地面积			m²	—	11848	
总建筑面积			m²	—	62323	
地上建筑面积					46297	
地上计容建筑面积			m²	—	33442	
其中	车站	站台		—	3780	不计容
		站房		—	3322	不计容
		线下公共停车场		—	4280	不计面积
		线下公交车场站	m²	—	3400	不计面积
	枢纽	枢纽小车接驳	m²	—	3500	不计容
		枢纽换乘大厅	m²	—	2253	不计容
	开发	商业	m²	—	11063	
		酒店	m²	—	22379	
	其他	室外灰空间	m²		1731	
		连桥	m²	1731		不计面积
地下建筑面积			m²	—	16026	
其中	枢纽社会车/网约车		m²		8013	
	商业配建车库	—	m²		8013	
	酒店配建车库		m²			
建筑基底面积			m²	—	7410	
建筑密度				62.5%		
容积率				2.8		
绿地率				11.7%		

E1地块技术经济指标表

名称		单位	分项指标	指标	备注
总用地面积		m²	—	4877	
总建筑面积		m²	—	1717	
其中	码头		800		
	文化中心	m²	812		
	商业	m²	105		
容积率			0.4		

2. 枢纽投资估算

柯桥站枢纽核心区合计工程总投资6.26亿元,其中车站部分投资1.13亿元,枢纽部分投资约2.06亿元,开发部分投资约2.08亿元。枢纽周边B、D、E三个地块合计投资约6.27亿元(表8-2)。

枢纽投资估算　　　　　　　　　表8-2

地块分区	类型	功能		建筑面积(万m²)	投资估算(亿元)	备注
枢纽核心区	车站部分	柯桥站站房、站台、桥墩、桥梁、到发线等		0.33	1.13	建筑面积不含站台与到发线,总投资不含到发线
	枢纽部分	公共换乘厅		0.22	0.35	造价含一般精装费用
		公交场站		0.34	0.15	为盖下室外空间
		地面小车接驳		0.35	0.16	
		文旅中心		0.24	0.14	造价含一般精装费用
		地下接驳与停车		0.72	0.57	
		过街连桥	车站代建	0.08	0.08	枢纽核心向北连接连桥
			枢纽建设	0.12	0.09	枢纽核心向西、南连接两处连桥
		景观绿化及室外工程			0.24	不含专用电缆引入费用
		周边市政工程	轻纺城交易中心南侧景观改造		0.04	
			线下公共停车场		0.03	车站红线内,可由车站代建
			周边道路新建与渠化		0.20	不含市政管线建设费用
		小计			2.05	
	开发部分	酒店(C地块)	平台板下	0.15	0.11	三层及以下部分需与枢纽一同建设
			平台板上	2.09	1.59	三层以上部分,含精装
		商业(C地块)	枢纽建设	1.11	0.55	需与枢纽一同建设
			车站代建	0.08	0.04	车站红线内,可由车站代建
		地下停车		0.99	0.78	需与枢纽车库一同建设
		小计			3.07	
	合计				6.25	
枢纽周边地块	B地块	办公、商业		3.70	1.79	建筑面积包含地下车库
	D地块	住宅、商业		5.18	2.19	建筑面积包含地下车库
	E地块	住宅、商业		5.16	2.30	地块不含滨水文旅部分,建筑面积包含地下车库
	合计				6.28	

注:工程投资6.26亿元,工程建设其他费用1.32亿元。

8.2.8 规划调整建议

结合综合开发方案与功能设计,对原控规方案进行调整在站点一体化设计中经常出现。

柯桥站结合综合开发方案与功能设计,对原控规方案进行调整。将C地块整体限高由80m提升至100m,提升开发强度。将E地块原二类居住用地调整为商业用地与二类居住用地混合用地,以适应文旅中心功能落位。调整D地块商业商务用地性质为商住混合用地。总用地面积由原控规5.63hm^{2}调整至5.56hm^2,总建筑计容面积由原控规13.13万m^{2}增加至13.85万m^2(图8-28、图8-29)。

8.2.9 分期与实施建议

枢纽一体化开发建设,涉及多个开发、建设以及运营主体,做到对一体化开发方案的有效分割是检验方案落地实时性的重要评判指标。

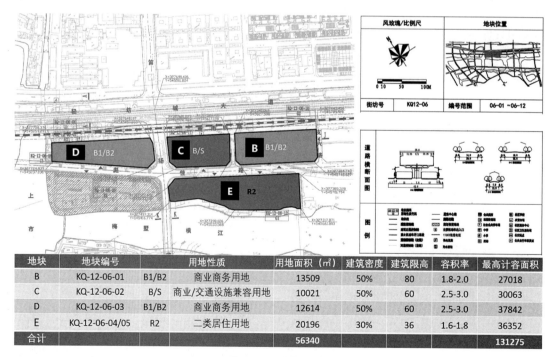

地块	地块编号	用地性质		用地面积(㎡)	建筑密度	建筑限高	容积率	最高计容面积
B	KQ-12-06-01	B1/B2	商业商务用地	13509	50%	80	1.8-2.0	27018
C	KQ-12-06-02	B/S	商业/交通设施兼容用地	10021	50%	60	2.5-3.0	30063
D	KQ-12-06-03	B1/B2	商业商务用地	12614	50%	60	2.5-3.0	37842
E	KQ-12-06-04/05	R2	二类居住用地	20196	30%	36	1.6-1.8	36352
合计				56340				131275

图8-28 原控规指标

图8-29 调整后控规指标

柯桥站在研究过程中,结合基本情况,提出将枢纽核心区即C地块、E1地块与车站部分一次性实施到位。C地块酒店建议与枢纽同步实施,也可先期结构预留至平台层(图8-30)。

柯桥站现工期是2023年06月建成,建议C地块工期与铁路车站同步实施,地下结构在2021年年底前出地面;C地块地下室边界距离既有正线30m,距离站台边缘12.25m,确保具有实施条件(图8-31)。

关于建设方,建议绍兴轨道集团建设站台、站房、到发线等。绍兴轨道集团代建线下公交场站、城市公共停车、线下商业、北向城市连廊。柯桥区建设枢纽、商业、文旅中心、酒店等(图8-32)。

分期方案：枢纽核心区即C地块、E1地块与车站部分一次性实施到位。

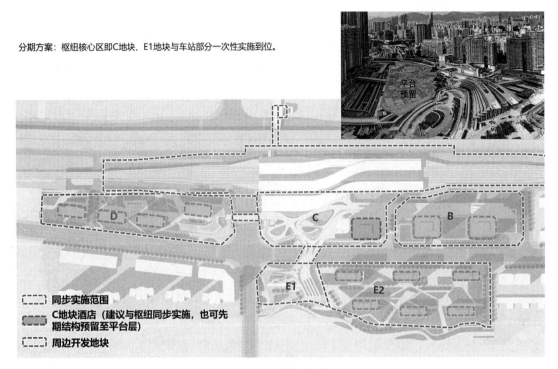

图8-30 分期实施建议

柯桥站现工期：2023年06月建成。
建议C地块工期：与铁路车站同步实施，地下结构在2021年年底前出地面。
C地块实施工程条件：地下室边界距离既有正线30m，距离站台边缘12.25m。

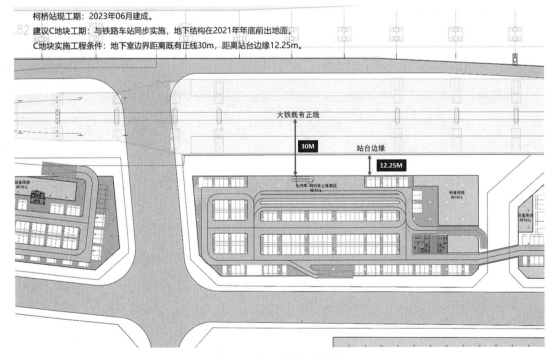

图8-31 枢纽分期实施建议

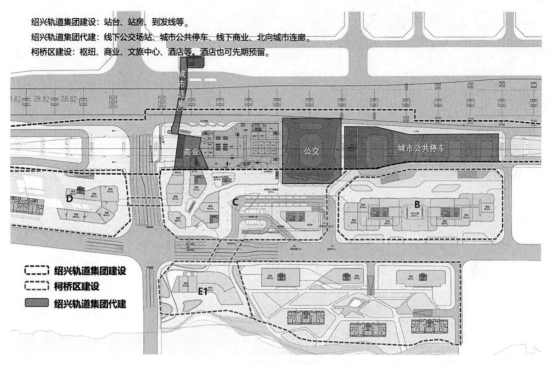

图8-32 分期与实施方案建议

后 记

记得20年前的2003年,我刚刚开始自己的博士研究生学习就有幸与导师潘海啸教授一起去了东京参加由日本国土交通省系统研究所主办的研讨会。那是我第一次出国,也恰好让我有机会亲眼看到一个与我所熟悉的上海那么相似又完全不同的城市。这个城市高度发达的轨道交通网络,以及依托在这个网络之上演化出的独特的生活形态和城市结构都令我觉得不可思议。尤其当我听日本的同事说彼时东京城市轨道交通网络的主体是由JR和私营铁路构成的时候,我非常震惊,似乎也感到我国的城市轨道交通发展还缺了点什么。自此,我便对都市圈与市郊铁路产生了浓厚的兴趣,也开始思考我们国家的大城市能否参考日本的铁路与区域协同模式,以改变当时普遍存在的城乡二元、区域分割、交通碎片化的问题。这实际上也成为我转变原来的城市社会学研究方向,转为跟随导师从事TOD领域研究、实践的开始。

其后的十年正是中国城市轨道交通从集中建设到广泛普及的十年,也是中国TOD与轨道交通综合开发萌发并成长的十年。在这个过程中,虽然大家关注的主体仍然是城市与社区尺度下的交通与空间融合,但是超城市尺度(类似都市圈)与铁路如何协同发展问题也随着城市的扩张和铁路系统的建设发展逐渐涌现出来。其中,令我印象最为深刻的是2008年有幸参与我的好友周宇主持的郑汴城际铁路与沿线土地整合开发的前期研究工作。在这个研究中,我们通过简单的模拟分析,就发现相比较城市轨道交通与沿线地区的协同,市郊线、城际线与都市区、都市圈的协同更加困难,这种困难不仅体现在目标定位与现实需求的错位,而且体现在成本与支付能力的错位,更体现在铁路辐射走廊与城市形态规划的错位上。这个小小的初步尝试让我充分认识到了在中国复制东京轨道交通模式的难度,也激发了我对这个有趣领域进行进一步探索的热情。

十年后的2012—2014年,我有幸在CCDI的支持下筹办了轨道交通综合开发的3届国际研讨会,场场爆满,会上充分表达了彼时学者、专家、决策者、企业家等就高速增长中轨道交通与城市整合发展的必要性和急迫性的共识。同时,诸多专家也表达了高速的地铁建设与步履维艰的市域(郊)铁路发展间非均衡发展的担忧。其中包括长期呼吁铁路改革的北京交通大学赵坚教授、我的朋友城印国际的周宇先生、我的同学兼同事秦科先生,他们都在不同的角度,通过实证或者理论模型的研究阐述了我国都市圈发展的趋向、市域(郊)铁路建设的必要性以及潜在面临的问题和挑战。虽然经过多年的积累,但是在当时这仍然是一个崭新的话题,这些有趣的讨论激起了广泛的共鸣和积极的反响。当然,这样非官方的学术研讨会所能发出的声音是微不足道的,但是我想这也许是我们国家在其后将市域(郊)铁路建设和都市圈发展上升为国家战略的一个推动因素之一吧。最终将市域(郊)铁路推上行业焦点的还是国务院及各部委出台的政策文件,显然,这是在万众瞩目、多方诉求推动下的必然结果。政策文件的出台为市域(郊)铁路的发展注入了极大的动力,成为传统城市轨道交通放缓之后行业的爆发式增长点。

但是,在快速的增长背后,市域(郊)铁路自身及其与都市圈协同发展之间的结构性矛盾实际上并没有根本性的解决,反而由于政策激发的建设冲动积累了更多潜在的问题。针对这种现象,我和我所在的北京交通大学UTRAPI工作室研究团队与北京城建院TOD中心的团队开展了持续合作研究。这个优秀团队的研究涵盖了规划、交通、建筑、轨道工程等多个专业领域。UTRAPI工作室研究团队包括北京交通大学的姚轶峰、徐然教授和研究生以及任雪、张颖同学,北京城建院TOD中心的研究团队包括邵金雁副总建筑师、巫江和李哲、任亚静、王建峰、梁栋辉、陈敏华等许多年轻而优秀的设计师和科研人员。多年的坚持让我们有了很多的收获,而这本书就是基于我们在绍兴的杭绍城际线二期金柯桥大道站的一体化规划设计的工程实践而来。这个有趣的项目让我们了解到一个既熟悉又陌生的领域,也让我们决定进一步深入地从理论和实证方面进行探索。张颖同学更是以此为题撰写了自己的硕士毕业论文。如今,张颖同学已经顺利毕业,并找到了与此研究领域有关的心仪的工作。因此,在这样一个时机也让我可以把这些成果进行整理并分享给大家。诚然,作为一个以工程实践和硕士论文为基础的著作其探索的深度和广度仍然比较有限,其起到的作用仍然是普及推广和抛砖引玉的。但是我想正如中国国际工程咨询公司前副总经理,尊敬的焦桐善先生所说的"轨道交通的发展是一个螺旋上升的过程,每一次的进步都可能是微小的,但是不积跬步无以至千里,只有积累些小的努力才能推动行业的变革"。就如自我随潘先生去日本之行至今中国20年发生的变化一样,我想通过我们每个从业者的微小努力,一定能够看到我国市域(郊)铁路与都市圈发展更良性、更融合的美好明天。

  本书还要特别感谢绍兴市柯桥轨道指挥中心,是他们在项目中高屋建瓴的思考和科学的决策促成了我们对市域(郊)铁路与区域和城市更深度融合的研究。

卢源

于静园静默中

2022年11月24日

作者简介

卢源

博士,北京交通大学副教授、城乡规划系副系主任;UTRAPI 交通协同创新工作室合伙人。

毕业于同济大学建筑与城市规划学院,2017年赴美国华盛顿大学做访问学者,先后获城市规划专业硕士、博士学位。卢源博士在交通与城市协调发展,尤其是轨道交通沿线土地综合开发与利用方面具有丰富的项目经验和研究成果,在轨道交通与沿线土地的综合利用、交通枢纽与车站综合体的整合设计等方面有着扎实的研究基础和独到的见解。自2008年以来,卢源博士及其研究团队先后承担了1项国家社会科学基金重大课题("绿色、低碳的中国城市可持续发展研究"),3项国家自然科学基金项目("基于轨道交通可持续发展的沿线土地综合开发与整合利用研究""基于轨道交通的城市地下空间综合开发与利用研究"和"轨道交通车站综合利用与设计优化研究"),以及多项相关的部级基础科研基金项目。同时,作为主要研究人员,卢源博士先后参与了上海"十一五"综合交通规划研究、上海世博交通战略规划、上海世博交通需求管理研究、轨道交通与上海西部地区新城整合发展研究,以及韶关、淄博、南阳等地区的各类城市交通规划等;作为项目技术负责人,先后主持了无锡轨道交通1、2号线,苏州轨道交通2号线,南宁轨道交通1号线,厦门轨道交通1号线,西宁轨道交通3号线沿线的综合开发规划、策划研究项目,同时参与或主持了,北京市海淀区、大兴区、顺义区、西城区,深圳市,绍兴市,洛阳市多个轨道交通场站及周边综合开发规划和一体化设计，以及北京，杭州，宁波，无锡，洛阳等多个轨道交车辆段的综合利用设计和顾问咨询工作。相关研究获得多项省部级奖励。卢源博士在本领域出版多本学术专著并发表各类学术论文20余篇。

邵金雁

浙江绍兴人，建筑师，现任北京城建设计发展集团股份有限公司轨道院副总建筑师，长期在轨道交通一体化工程设计领域承担设计、技术管理、课题研究工作。多年来深耕交通枢纽设计与实践，亲身经历了我国综合交通枢纽的革新发展，精通枢纽从规划、可研、勘察设计至运营服务的全过程工作，具备跨领域的专业知识体系，擅长解决综合复杂性问题，主持过多个大型综合交通枢纽，多次获得勘察设计、科学技术类奖项。

张颖

2019年7月本科毕业于北京交通大学建筑与艺术学院，取得城乡规划专业学士学位；2022年7月硕士毕业于北京交通大学建筑与艺术学院，取得城乡规划学专业硕士学位。硕士期间在UTRAPI工作室参与科学研究和工程实践。研究生导师为卢源教授，研究方向主要为城市轨道交通、城市设计等。硕士毕业后就业于北规院弘都规划建筑设计研究院。